"海洋梦"系列丛书

凌波踏浪

航海设备与舰只

"海洋梦"系列丛书编委会◎编

合肥工业大学出版社
HEFEI UNIVERSITY OF TECHNOLOGY PRESS

图书在版编目（CIP）数据

凌波踏浪：航海设备与舰只/“海洋梦”系列丛书编委会编．—合肥：合肥工业大学出版社，2015.9（2021.6 重印）
ISBN 978-7-5650-2411-5

Ⅰ.①凌… Ⅱ.①海… Ⅲ.①航海—设备—普及读物②船舶—普及读物 Ⅳ.①U675-49②U674-49

中国版本图书馆 CIP 数据核字（2015）第 209041 号

凌波踏浪：航海设备与舰只

“海洋梦”系列丛书编委会 编　　责任编辑 马成勋

出　版	合肥工业大学出版社	版　次	2015 年 9 月第 1 版
地　址	合肥市屯溪路 193 号	印　次	2021 年 6 月第 3 次印刷
邮　编	230009	开　本	710 毫米×1000 毫米　1/16
电　话	总　编　室：0551-62903038	印　张	12.75
	市场营销部：0551-62903198	字　数	200 千字
网　址	www.hfutpress.com.cn	印　刷	安徽芜湖新华印务有限责任公司
E-mail	hfutpress@163.com	发　行	全国新华书店

ISBN 978-7-5650-2411-5　　定价：35.00 元

目 录

凌波踏浪——航海设备与舰只

第一章 古今船舶几千年

第二章 船舶初体验

第三章　遨游大海的基础——航海设备

第四章　源远流长——中国古代船文化

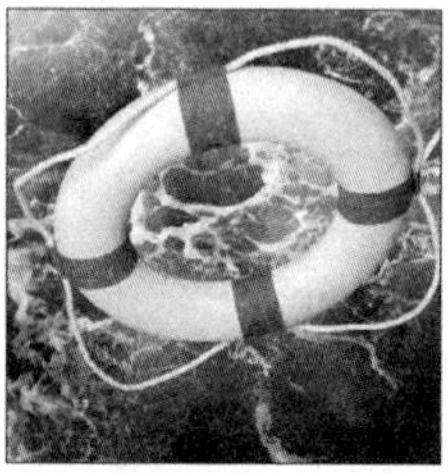

第一章
古今船舶几千年

从史前刳木为舟，剡木为楫算起，船舶经历了独木舟和木板船的木质船体时期，直到现在主要以钢材为船体材质的时代。综观船舶漫长的发展历史，船舶动力也由人力、畜力和风力驱动，发展到今天的机器驱动，下面我们一起认识一下从古至今的船舶的发展变化。

第一节 远古时期的涉水工具

脱胎于浮具的筏

筏是从浮具发展而来的，而浮具是指未经人类加工的水上漂浮物。浮具的出现早于筏子和独木舟，因此它是最原始的浮水工具。

浮具是自然界的产物。常见的浮具有倒伏的树干、脱落的树枝、随处可见的竹竿与芦苇等。人们通过大量实践得知，为了渡过小河，他们可以找来或拖来一段树干，趴在上面。从汉字“槎”中我们也可得到相关信息，“槎”，即为连干带叶的树段，现在写为“杈”。在古文献中“槎”是舟船的同义词，可组词“浮槎”、“乘槎”。由于年代久远，古人不明了原始人群利用树杈作为漂浮工具的事实，便将“槎”神秘化，解释成为神仙所造、有道之士所乘之类，称为“仙槎”。从这个字的考证中，我们可以得知一些人类祖先用天然树干做浮具的历史事实。

从文献记载来看，浮具是舟船的最早来源。《世本》载：“古者观落叶因以为舟”。《淮南子·说山训》亦载：“古人见寂木浮而知为舟”。说明我们祖先对一些物体具有浮性已有认识，从每天司空见惯的现象中受到启示，并对这些自然漂浮物进行仿制，通过不断地探索，终于仿制出了最原始的舟船。

人类的认识是不断深化的，有些浮具如树段、竹竿、芦苇等，本身浮力小，需要捆成束才能更好使用；有些本身就具有较强的吸水性，承载的负荷受到很大限制。为了进一步改进生活，人们就必须寻找到浮力大、防水性好的漂浮材料来做浮水工具。后来人类的祖先经过多次实践，试着将两三根或更多的树干用藤或绳捆绑起来，就成了早期的一种渡水工具——筏。

史料上使用筏的记载很多。例如，战国时期，越王勾践令2800多人伐松柏做筏，自会稽（今浙江绍兴）沿海北上，迁都琅琊（今山东诸城），这是一次大规模使用木筏的海上运输活动。《诗经》中说：“谁为河广，一苇杭之”，意思是说，谁说黄河宽啊，一个苇筏就可以渡过去。

古代埃及人利用尼罗河流域盛产的一种叫纸莎草的植物，先将其捆成一个个小的草束，再将若干草束绑扎在一起制成筏。时至今日还能见到这种筏的古老身影，南美迪迪喀喀湖畔的居民还在使用这种筏，它是把芦苇捆扎成草束，五个草束再捆扎在一起而成。

我国南方盛产竹子的地方，自古以来人们就一直使用竹子编成的竹筏渡水。

古代还有一种皮筏，它是将牛羊皮晒干、浸油，缝合成袋，然后充气或充填羊毛，将若干个这样的袋固定于木制骨架之下而成。少者6~12只，多者达500个编成。

有了筏，人们再也用不着半身浸在水中抱着树干、芦苇和葫芦等渡水了，可以利用各种编制的筏去渡水、捕鱼、水上运送物资，以及躲避洪水猛兽的袭扰等。

松柏木筏

竹筏

筏，具有取材容易，制造简单，稳定性好，装载面积大，能穿过急流浅滩等优点。所以，就是在水上交通运输工具高度发达的今天，筏仍有它独特的用处。

秦汉以后，由于筏的诸多优点，因而被广泛应用于军事上。《史记·淮阴侯列传》记载，楚汉相争之际，汉将韩信领兵从陕西向山西进军。魏王豹叛汉与楚约和，率兵驻扎在临晋，切断汉军退路，封锁河关。韩信故意多设疑兵，陈列船只佯装要渡河关，而伏兵却从夏阳用陶筏（木框架中安装陶瓮）偷偷渡河，袭击魏都安邑。魏王豹大惊，引兵迎击韩信，韩信大胜，虏魏王豹，平定了魏国，改魏为河东郡。

即使是在工业飞速发展的大上海，木筏也曾一展身手。在建设上海石油化工基地金山工程时，为了搬运一些长达 60 米、直径达 6 米、重达 200 吨的大型设备，扎排工人根据经验，设计出了一种杉木制的巨型箱型木筏，成功地把这些设备通过黄浦江运到了金山工地。

人类智慧的结晶——独木舟

筏有不少缺点，最大的缺点是不能逆水而上，故而有“下水人乘筏，上水筏乘人”之谚。基于此，富有追求精神的人类祖先，又开始不满足于筏的优点，开始了新的探索。这种探索仍然离不开日积月累地对自然现象的细致观察。人类祖先在不断探索中，发现河水中漂浮的因天然腐朽形成凹槽的树段，浮力大于完整的树段，人甚至可以坐在凹槽里自由活动。这一意外发现激发了人类智慧的火花，便将这偶然的发现变成有意的实践，经过大量的实践，人类终于试制出了原始的独木舟——舟船的最初形态。

关于独木舟的创造，古代文献中有不少相关传说。《易经·系辞》曰：“伏羲氏刳木为舟，剡木为楫，舟楫之利，以济不通。”伏羲氏凿

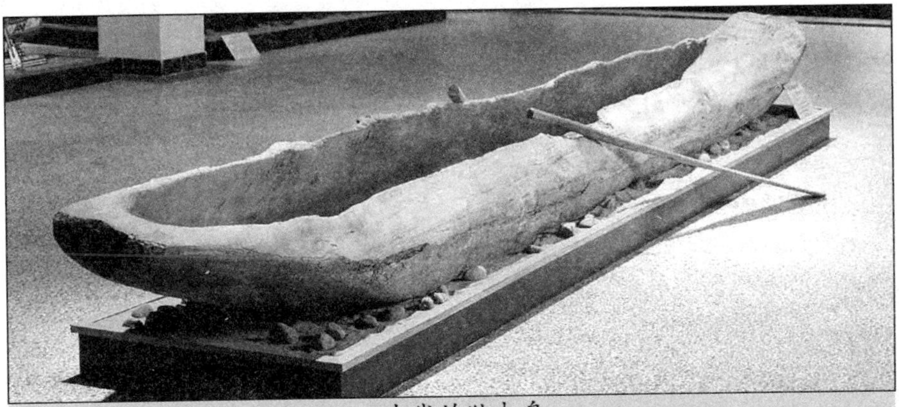
古代的独木舟

空木头以成舟船，切削木材以成桨楫，使得江河的交通得以顺畅；《世本·作篇》曰："共鼓、货狄作舟。"宋衷注曰："二人皆黄帝臣也。"把独木舟的创造，归功于黄帝的两个臣子共鼓和货狄；束哲《发蒙记》曰"伯益作舟"，认为独木舟的制作者为伯益；《吕氏春秋·勿穷览》曰"虞姁作舟"，说创造独木舟的人是虞姁；《山海经·海内经》曰"番禺始作舟"，认为独木舟是番禺制作的；《汉书》曰："黄帝作舟以济不通，旁行天下。"班固则认为是黄帝创造了独木舟；此外，还有《蜀记》中记载的大禹治水造舟的传说等。这些关于是谁创造了独木舟的问题虽然各执一说，但它们却反映了一个重要的事实：即上古时代的独木舟，不是具体个人的独创，而是群体智慧的结晶，是上古先民群体的伟大创举。

独木舟的创造是人类历史上的一次伟大创举，它促进了人类文明的巨大进步。独木舟的制作是一个艰苦而复杂的过程，也是原始人类施展智慧的过程，而且它也依赖于当时的具体生产条件。一方面它需要比较锋利的磨制石器，石刀、石斧、石锛等；另一方面为提高效率，在刀削斧砍的前提下，还需使用火作为辅助手段。恩格斯说："火和石斧通常已经使人能够制造独木舟。"独木舟的制造，是石制刀具与火焚并用的结果。

石斧

如何用石器和火来制作独木舟，从我国民族史资料可得知一些信息。相传云南纳西族人祖辈都在制造独木舟时使用火。他们找来粗细适当的一段树干，把其一面砍削平整，并在平面上画出应挖去部分的轮廓，把它分成若干段。开挖时，一段段开始砍削，但并非全部用刀、斧砍削，而是在砍削之后用木屑点火燃烧，然后再砍削，如此反复，待到挖至合适的时候，再把分隔的各段打通。这样的石器和火并用的方法，极大地提高了制造独木舟的效率。因为只用石器加工劳动量很大，而在燃烧木屑以后，周围焦化的木质容易加工，也减轻了再次砍削的劳动量。

你知道吗

什么是石器时代

石器时代是考古学术语，是考古学对早期人类历史分期的第一个时代，即从出现人类到铜器的出现，大约始于距今两三百万年，止于距今6000~4000年。这一时代是人类从猿人经过漫长的历史，逐步进化为现代人的时期。

独木舟在我国南北方都有广泛的应用。生活在我国黑龙江流域的鄂伦春、鄂温克、达斡尔、赫哲等少数民族，很早就会制作独木舟。自汉代起“挹娄人便乘船”；至辽代，“其俗刳木为船，长可八尺，行如梭”。而独木舟使用最广泛的还是南方江河地区。宋代《溪蛮丛笑》记载：“贵州、云南一带，蛮地多楠，有极大者，刳木为舟。”说明贵州、云南一带，多用楠木制作独木舟。晋代裴渊在《广州纪》记载，广州当地居民以制独木舟为业，就在树林边居住。周去非《岭外代答》记载：“广西江行小舟，皆刳全木为之，有面阔六七尺者……钦州竞渡兽舟，亦刳全木为之。”表明南宋时期广西临江地区还有以整木制舟的习俗。台湾日月潭一带的高山族，至今仍有用樟木制作独木舟的习俗流传。

我国发明独木舟的大致年代，虽仍无法确认，但从考古资料的发掘可以推测在我国已经有比较悠久的历史了。1973年，在浙江余姚河姆渡新石器时代遗址中发掘出6支木桨，说明当时已有水上活动工具了。还有一个像独木舟的废弃木构件，中间空，一头残损，另一头尖圆，直径约0.6米。在该遗址上还采集到一个舟形陶器，从陶质、制作方法、造型风格等特征来看，考古学家考证它的历史距今有六七千年。1976年，广东化州市石宁镇三号汉墓出土的独木舟，舟内某些部位甚至可以很清晰地看出木屑被火烧焦化后

独木舟

用石器挖掘的痕迹。在江苏、福建、云南等地也出土了一些独木舟的残骸，说明在上古时期独木舟已是我国江河地区水上重要的交通工具了。此外，在四川及东南沿海地区，还陆续出土了一些棺葬独木舟，反映了古代某些地区存在的一种独特丧葬习俗。

形式多样的木板船

原始社会出现的筏和独木舟，使人类在征服江河湖海的过程中迈出了重要的一步。后来筏和独木舟的不足之处越来越突出。

为了增大装载量和改善航行性能，我们的祖先曾想到在筏和独木舟的四周钉上木板，在接缝间隙里再塞满填充物，以求少浸水。其中首要条件就是要有木板。在7000年前的河姆渡文化遗址中就发现了木板和木结构建筑物，证实了在新石器时代末期，已出现了原始人将原木加工成的一块块木板。可以想象到，当时的人们用简陋的石刀、石斧，

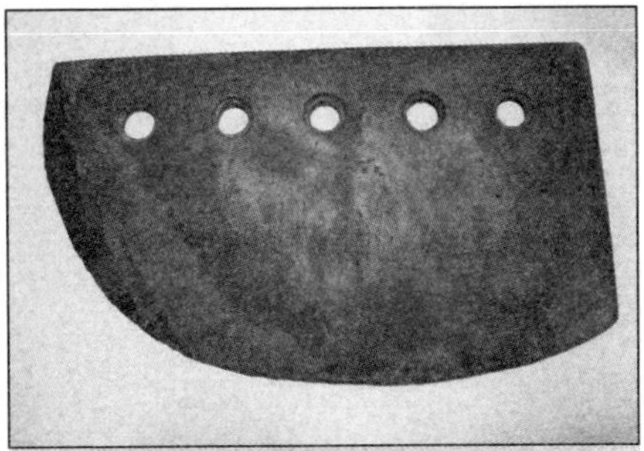
石刀

要将整根原木加工成一块块木板，需要付出多么巨大的劳动。

在木筏的四周加装木板，同时对缝隙采取堵漏缝措施后，使木筏逐渐演变成方头、方尾、平底的木板船。这样，既能增加装载量，又能改善航行性能。随着生产的发展，水上交通运输量日益增加，促使独木舟的舷板一列列加上去，船的载重量也越来越大，而船底的独木舟作为“舟”的作用就逐渐减弱，居于次要地位，并渐渐变得无足轻重起来，最后使独木舟转化成为尖底船的龙骨。这时，一种不同于独木舟的新船——木板船出现了。

从独木舟加装第一块木板开始，逐步演变成各式各样大小不同的木板船时，也带来了一系列新的问题：一是连接问题，连接不好，船就会解体；二是缝，缝不密，就会漏水。那时主要靠榫接和楔接，也有用藤蔓、皮条等捆扎的。缝的材料，有草秆、麻丝、竹茹之类。初期的木板船，漏水是无法避免的，甚至船体散架解体的事也经常发生。当时的人肯定遇到过多次，他们不断摸索改进，使木板船由不坚固到坚固，由漏水到不漏水，最终造出了不沉不漏，结实耐用的木板船。

靠原始的石器工具将原木加工成一块块木板，再制作成木板船，生产力是很低的，满足不了水上交通运输日益增长的需要。只有当金属工具的出现并取代了石器工具以后，才解决了木板船的大批量生产问题。

从距今约4000多年前的齐家文化和龙山文化遗址中，出土了很多红铜、青铜制的刀、锥、凿、锯等工具。青铜器的使用和发展，是社会生产力发展到一个新阶段的标志，同时也为木板船发展提供了广

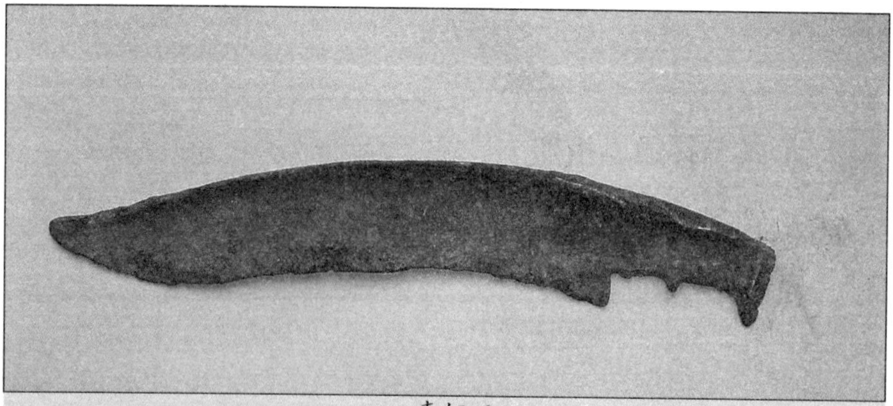

青铜刀

阔前景。

木板船雏形的出现，可以追溯到久远的年代。但最迟到公元前 16 世纪至公元前 11 世纪的商代，木板船的形状与结构已日趋合理、成熟。在殷商遗址中发掘出大量刻在龟甲或兽骨上的甲骨文，为我们提供了极为珍贵的木板船的形象资料。商代，我国早已进入奴隶制社会，所以甲骨文中记载的内容，有很多是奴隶主记事的卜辞，其中表示船的“舟”字曾多次出现。甲骨文是象形文字，从那些“舟”字的形状看，它和我们在江河中还能见到的小木船十分相似：平底、方头、方尾，首尾略向上翘，船的两端有甲板和出角。可见，这已不是那种将单根树干挖空而成的独木舟，也不是由多根树干排列而成的筏，而是由若干块木板连接而成的木板船了。再看甲骨文中多次出现的“舟”字，字形也各不一样，这说明当时用船已相当普遍，并出现了多种形制的木板船。

在小型木板船诞生的基础上，开始了从小到大，从简单到复杂的发展过程。我国的木板船除了由独木舟演变而来之外，还有一些是由筏演变而来的。木板船出现以后，显示了它强大的生命力，继而出现了能满足货运、客运、作战、生产等并适用于不同的江河湖海的各种用途的船。在中国漫长的封建社会中，弘舸巨舰，舳舻千里，风帆高涨，远涉重洋，木板船的大型化带来了许多壮观的场面！

第二节　帆船的出现和演进

东汉时期出现的帆船

在汉代，人们已具有较丰富的航海知识，这是汉代航海事业发达的主要原因之一。其中，天文与气象方面的知识与航海事业的关系尤为密切。

当时，海船主要是靠观测恒星导向。如《淮南子·人间训》上所说："夫乘舟而惑者，不知东西，见斗极则寤矣。"

北极星

汉初，在天文方面已有了很高的成就，如太初历（后改名三统历），已具备了气朔、五星、交食周期、闰法等内容，并设计了在没有中气的月份为闰月的原则，这一原则在农历中一直沿用到现在。太初历在世界上第一次提出在135个朔望月中有23个食季的食周概念，并建立了一套推算五星位置的方法，为后世历法树立了规范。汉代天文学的成就，为航海天文导航提供了条件。《汉书·艺文志》所载的汉代天文书籍中，有《海中星占验》十二卷、《海中五星经杂事》二十二卷、《海中五星顺逆》二十八卷、《海中二十八宿国分》二十八卷、《海中二十八宿臣分》二十八卷、《海中日月慧虹杂占》十八卷。各书都标明"海中"二字，当为海上航行专用之书。《汉书》补注引王应麟的见解说："《后汉书·天文志》注引海中占，《隋书》有海中占星图、海中占一卷，即张衡所谓海人之占也"。指明海中占星，是舟人专用的书。这类有关航海天文和航海气象的专书，在汉代竟多至136卷。

古代航海巨舶无风不动，风对帆船的活动起着关键性的作用。行船之人对风之顺逆、大小十分注意，久而久之必然积累一套观察和预测风向与风力的经验。到汉代已有多种观测风向的仪器，在《三辅黄图》中，有两处提到测风仪，一处在长安的"灵台，高十五仞，上有相风铜鸟，遇风乃动"。铜表上刻有"太初四年(公元前101年)造"字样。另一处在"建章宫南有玉堂……铸铜凤高五尺，饰黄金，栖屋上，下有转枢，向风若翔"。铜凤"下有转枢"，可与下一层机件设备相连，指示由风力所起的转动速度，因此铜凤很可能是最早的风速仪。除这些测风设备以外，当时还一些部件不大，结构较为简单的测风标，由于航海需要，极容易被移植到船上使用。最简单的一种叫作"俔"，这种测风仪最早见于殷代，是在杆顶系一条绸布带子制成的示风标。《淮南子·齐俗训》上说："俔之见风，无须臾之间定矣。"可见西汉时仍沿用它测风，后世船桅顶端的示风"鲤鱼旗"，便是把"俔"加以装饰美化而成的。

望月

据《礼记》的记载，春秋时既能把一年四季中的风做出十二分法，到汉代掌握海上季节风的变化规律自然已无困难了。汉代崔寔所著《农家谚》上还有"舶风云起"之说，可见早在汉代，由于航海事业的发展，便把夏季梅雨后的东南季风叫作"舶艀风"了。宋人苏轼的"舶艀风"诗文和序中，对"舶艀风"作了明白的注释。诗文说："三时已断黄梅雨，万里初来舶艀风"。诗序说："吴中梅雨既过，飒然清风弥旬。岁岁如此，湖(海)人谓之舶艀风。是时，海舶初回，云此风自海上与舶俱至云尔。""舶艀风"这一专名的出现，说明汉代的航海气象知识，已达到掌握和利用季节信风的水平。

风帆

风帆的结构和驶风技术，最迟在东汉末年已经完备了。帆在材质上可以分做两大类。一类是用丝织物或布做的布帆；一类是用竹篾或植物纤维做的蓆帆。从结构上说，一类叫作软帆；一类叫作硬帆。像布帆、蒲草帆，因没有横向帆竹支撑，便属于软帆，只可在正顺风时用人字桅悬挂，不能斜移，也不能转动。硬帆，是用与帆横面等长的若干根竹竿，等距横向的支撑在帆的一面，或是交错穿插在帆的两面上。所加的这种竹竿即叫作帆竹，它将帆面支撑得比较平整，可以更有效地利用风力。硬帆挂在单独的桅杆上，并且可以绕杆转动，形成独特的中国式平衡纵帆。

东汉以来中国海船利用硬质平衡纵帆驶风的技术，见于东吴人万震所著的《南州异物志》上："其四帆，不正前向，皆使斜移，相聚以取风吹，风后者激而相射，亦并得风力，若急，则随意增减之。斜张相取风气，而无高危之虑。故行不避迅风激波，所以能疾"。

《南州异物志》对风帆驶风技术分为两个部分。第一部分是说明帆面悬挂位置在驶风中的作用；第二部分是说明帆面悬挂的样式与受风的关系。原文中先说到海船上“其四帆，不正前向，皆使斜移，相聚以取风吹”一句。清楚地说明了汉代海船在驶风航行时，随风向的顺逆不同，相应的布置帆位的情况，与现代木帆船航海驶风时的帆位布局，几乎完全一致。俗称“船驶八面风”，这句话是对帆船利用各种风向驶风航行技术的概括。

风帆让逆风航行成为可能

掉樯驶风是在逆风条件下扬帆航行的技术。即在整个逆风航程中，采取“之”字形航线前进。掉樯驶风，是海船将全航程中分解成若干航段行驶。在每一个从局部航段中，海船从受逆风的条件下，将船身调整到受横向风力的位置，实行打偏驶风，驶完一个航段达到进入下一折线航段时。调转船首使另一舷横向受风，继续打偏航行。因其要在不同航段左、右舷轮换受风，要在180° 内调换帆面位置，整个帆面要绕桅樯转动，便把这种驶风技术称为“掉樯”，又可叫作“掉戗”，“戗”就是逆风斜行的意思，两者都能说明这种“之”字形曲折航行技术的特点。虽然掉樯驶风是若干打偏驶风的组合，但它要比打偏驶风技术复杂。当海船掉樯转入下一个航段前，先放松头帆的帆脚索，然后立刻搬舵将船头以大角度迎风移到另一舷受风斜行，主帆随着转向迎风面的变化而自然转脚(大幅度改变帆角的操作称转脚)。然后再收紧头帆的帆脚索，调到有利帆角，开始下一航段的打偏航行。如此帆舵配合，全船统力协作，左、右舷交相变换受风，船舶便沿着“之”字航线，曲折前进。

桅樯

《南州异物志》中还说："风后者激而相射，亦并得风力。若急，则随宜增减之，斜张相取风气而无高危之虑。"这段文字，着重说明汉代挂帆的样式与受风的关系。要点在于"斜张"两个字上，它说明两种挂帆的样式。一种"斜张"是说前后帆在帆角 90° 正顺风航行时的排列位置，这时最优的悬挂形式，是前后帆都挂成半平衡纵帆，一个帆的"后边"伸出左舷。另一个帆的"后边"便伸出右舷，使主帆不挡头帆受风，两帆向外"斜张相取风气"，头帆虽在风后，"激而相射，亦并得风力"，而充分斜伸出的帆，扩大了受风面积，提高了航速。现代航海帆船还沿用这种挂帆样式，并美其名叫作"蝴蝶帆"。

你知道吗

风暴中航行的船舶
应增速还是减速

在海洋中航行，随时都会遇到风暴的袭击，如果在风暴来临之时，为了躲避风暴袭击，全速航行是必要的。但是，在风暴已经袭来时，船长又是怎样控制船速的呢？由于船舶在风暴中航行时会产生剧烈的摇晃，船体受波浪猛烈冲撞，给驾驶员操纵船舶带来很大的困难，此时减速航行才是较好的措施。但如果船舶速度太小，舵效较差，船舶改变航向就很困难，因此顶浪航行时船速减少到仅能维持舵效即可，这样可以减少浪对船的冲击力，使海水不至于大量涌上甲板，减轻船体震动。如果是顺浪航行，船速要减少到维持舵效略快于波浪前进的速度为最好。

"斜张"的第二个含意，是说明单帆的帆形。海船的帆，特别是南海海区的船帆，它的半平衡纵帆有独特的悬挂样式，"后边"呈折角形，像似横挂着的一柄折扇的扇面。从整个帆面看，它斜挂在桅杆上，把风的压力均匀地分布在桅杆附近的两侧，使风的推力集中在船体纵中线上。船帆顶边向上的斜度可达 50° 以上，顶边尖峰约高出桅端两米，头帆的顶边尖峰与主帆顶边的低角相平，这种帆形升起满帆后，可以充分利用桅顶上方的风力。由于整个帆面上部较窄而下部较宽，对海船在波涛中驶风的稳定性十分有利。如遇急风骤变，可以借帆竹自重，解脱帆索迅速落帆，减小受风面积。拉帆索又可升帆，帆面积又可迅速增大。这种"斜张"的帆形，能够"随意增减"又无"高危之虑，故行不避迅风激波"，所以航速较快。

小型帆船

由汉代的操帆驶风技术中，可以归纳出中国风帆的3个优点：一是帆面较硬，按照空气动力学的原理，使某一攻角吹到帆面上的测向风,可以获得较大的升力推船前进。所以经过调整帆角，可以利用来自任一方面的测向风。航海驶风所谓“风有八面，唯当头风不可行”，即是根据此理而言。软帆，按动量理论只能获得由顺风产生的推力，因而便没有航驶八面风的效力。二是中国硬帆帆面积的形心偏于桅杆的一侧,类似平衡舵的型制和原理，所以称作半平衡纵帆，作用于帆面上的风力中心在桅之一侧，便于释放风力，以策安全航行。第三是中国硬帆升降容易，航行中，可视风力大小，随意升降，以调节船速并可在急风突变的情况下，保证航行安全。

两汉及六朝时期，造船业的发达、航海技术的提高及航海知识方面的积累，不仅给这一时代发展海上交通提供了必要的技术条件，而且也为后世航海事业的日趋繁盛，奠定了深厚的基础。

帆船的成熟与海战的兴起

早期的军舰都是通过人力划桨的形式来产生动力，这样的军舰行动比较迟缓，机动性不强，既耗费人力又非常占空间，一艘军舰往往

古代军舰

需要几十个人同时划桨，而那时的军舰最多也不过能装载百余人。

在水上航行经常会遇到比较强的风，人们发现当船的航行方向与风向一致时，划船就会变得非常省力，逆风时则非常费力。通过这个现象，人们开始思考如何利用风的力量来代替人力推动船只，于是人们发明了帆。

帆的出现让船舶的航行速度和机动性得到了跨越性的提高，也让海上战争飞速发展，特别是在西方，在很多影片中我们都可以看到各式各样的帆船之间展开的海战。

火炮装备到战船之后，海战的方式由双方战船接舷士兵跳帮搏杀，转变到排开阵式，拉开距离，双方展开炮战。那些吨位大、火炮多的战船排入战列线作战，这类主力舰就叫作战列舰。而那些吨位仅次于战列舰、速度快、火炮不多的战舰，则担当起巡逻、警戒、侦察、护卫等任务。这些快速帆船可以说是巡洋舰的始祖。

这类快速帆船一般装备 40 ~ 50 门炮，单层甲板，也有的是二层甲板，木质船壳，三根桅，在当时称为“三桅炮舰”。

早期的战列舰编队，没有雷达，也没有无线电，只靠视距有限的望远镜观察。为了获取敌方舰队的情报，就需派出速度快、机动灵活、又有一定火力的战舰，外出巡逻侦察，发现敌情后，快速返回本舰队报告。英国的海军名将纳尔逊，把快速帆船称为“舰队的眼睛”。在海战中，纳尔逊十分重视发挥快速帆船的作用。在1798年5月底的埃及战役中，纳尔逊率领13艘战列舰绕过科西嘉岛，驶往意大利海岸，搜索法国舰队。在此之前，因遇到8级大风，他的3艘三桅炮舰被大风吹得七零八落,不能随编队行动。纳尔逊为缺乏三桅炮舰而深感遗憾。因为没有三桅炮舰，他的搜索和侦察活动遇到几乎无法克服的困难。

由于快速帆船——三桅炮舰在编队活动中,有着举足轻重的作用。所以英国皇家海军在发展战列舰的同时，也大力建造快速帆船。到了

三桅炮舰

1812年，英国皇家海军服役的快速帆船有112艘，战列舰124艘。

当时，英国皇家海军按战舰上装备的火炮数量，把全部战舰分为6个等级。第一级，90门炮以上；第二级，80 ~ 90门；第三级，50 ~ 80门；第四级，38 ~ 50门；第五级，18 ~ 38门；第六级18门炮以下。前三级属战列舰，第四级即为快速帆船，最后两级是一般的小型护卫舰和护航舰。像英国的“马其顿”号快速帆船，装备38门炮，排水量为1325吨，舰长48米，舰上的军官和士兵共301人。

美国海军也十分看重快速帆船的作用。在18世纪末期，美国的海上贸易受到英法等国的制约，英国政府针对美国实施《航海条例》发布枢密院令，禁止美国人从事获利丰厚的英属西印度群岛的海上贸易。另外，美国的商船常常遭到北非沿海海盗的劫掠。为了保护海上贸易，初创的美国海军大力建造快速帆船，用以巡洋护航，打击北非的私掠船。

1797年，美国下水了装备44门炮的快速帆船“宪法”号、“美国”号和“总统”号等舰。这些舰的速度很快，炮火也强，对于那些私掠船,能够追上一艘击败一艘。“美国”号的排水量为1576吨，舰长53.2米，舰员478名。

有了新型快速帆船后，美国海军组成分舰队，到北非沿岸国家炫耀武力，打击专门劫掠美国商船的北非私掠船,并封锁了的黎波里港。

1812年，日渐壮大的美国海军

快速帆船队同英国皇家海军快速帆船队交战。美国的“黄蜂”号击败了英国双桅帆船“欢乐”号；“美国”号在英舰“马其顿”号18磅重炮弹射程之外，从容发射10.9千克（24磅）重炮弹，把“马其顿”号舰体打得千疮百孔，打掉了后桅，炸毁了许多炮，“马其顿”号只得投降，编入美国海军。同年12月，美国的“宪法”号又打得英国的“爪哇”号投降。

美国人为自己的一连串胜利而欢欣鼓舞。国会在为胜利者大批授勋之后，又热情洋溢地投票决定拨款，再建造6艘三桅炮舰和4艘战列舰。

海上贸易战，又一次显示了快速帆船的威力，为其发展带来了契机。

快速帆船

第三节
现代船舶的雏形——蒸汽机船

最早的轮船——明轮船

“轮船”一词始于唐代，它的出现与船的动力改革有关。唐代曹王李皋，受到船桨和抗旱用水车的启示，制造出了主要用于内河短途运输的明轮船，它同人工划桨的木船和风力推动的帆船有着显著区别。明轮船又被人们习惯地叫作桨轮船、车船和轮船。

所谓明轮，是一种船用推进器，它装在船的两侧，形状好似车轮，下半部浸在水中，上半部露出水面，在轮轴上装有若干桨板，靠人力踩动桨板，使轮轴上的桨叶拨水向后推动船体前进。这种船把桨楫的间歇推进改为桨轮的连续运转，从而大大提高了船只的航行速度。

据《唐书》记载，早在公元626年至649年，曹王李皋就已经有了一支明轮船队，“为战舰，挟二轮踏之，翔风破浪，疾若挂帆席”。有的史书上说，南北朝时期的大数学家祖冲之制造的千里船日行百里，可能就是一种明轮船。

明轮船是一种原始形态的轮船，它的出现是船舶推进技术上的重大进步。古代船舶大都是帆船，遇到顶风、逆水的情况，行驶起来就很艰难，而明轮船在一定程度上克服

明轮

了这些困难。

明轮船在宋代有了较大的发展。洞庭湖起义军领袖杨么的部下高宣是杰出的造船专家，他曾经制造出许多明轮船，称为杨么车船。杨么车船的左右两侧都装有能转动的桨轮，船尾也装有桨轮。桨轮的数目自2个到8个不等，最多的有24个，每个桨轮上装有8个叶片。桨轮与转轴相连，船上水手齐力踩踏桨轮，轮轴上的叶片好像许多把划桨，接连不断地划水，使船前进。要使船后退，只要向相反方向踩踏就可以了。为了保护桨轮不受损伤，桨轮外面设有保护板。高宣还把转轴装在船舱底部，水手在舱里踩踏，不易被敌人兵器所伤害。高宣制造的一艘最大的车船，长109米，宽13米有余，上起层楼，可乘载千人，吃水在3米左右。这种大型明轮船再装备上弹射器投掷火药弹，无疑是一种威力巨大的新型战船。

公元13世纪时，明轮船已成为南宋水军舰队的重要组成部分。在当时的海战中，宋军一次往往出动数百艘乃至上千艘明轮船。在长达

明轮古船模型图

一个世纪之久的宋金战争中，它发挥了巨大的威慑作用。金兵在1130年被打回长江北岸，就再也未能过江，只要长江上出现满载射手、炮手的明轮船，金军就一筹莫展。

你知道吗

强大的南宋水军

南宋政府在绍兴十一年(1141年)和金朝签订和议后，北部边界便从此基本固定在秦岭、淮河一线。南宋政府更把首都建立在杭州湾畔的杭州，依靠经济文化昌盛的东南沿海地区支撑半壁河山。南宋海军在海战中起主导作用，在历次战争中配合全局战略，越海深入敌境协助陆军作战，参加长江防线的防御，保卫临安陷落后的南宋流亡政府，进行最后的抵抗和恢复。南宋海军发挥了较突出的国防作用，但也受到当时陆战思维和南宋国防战略思想的影响和制约，导致与蒙古人的决战在占优势的情况下由于战略指挥的失误而全军覆没。

此后，我国对明轮船不断改进，使之日益完善。后来，明轮船的制造技术流传到了国外，欧洲在1543年时也制造了明轮船。

由风力向机器动力的演进

几百年前人们就已认识到有压力的水蒸气可以代替人力做功。英国是最早进入工业社会的国家，实用的蒸汽机在那里最早出现。1698年，英国人萨弗里设计了一个应用蒸汽冷凝产生真空，能有效地从矿井抽水的水泵。1712年，纽科门制成大气压蒸汽机。那是一个有活塞的汽缸，当汽缸内的蒸汽冷凝为水时，汽缸内形成真空，大气压力推动活塞。活塞连于一根中间有支架的横梁的一端，另一端接抽水泵的连杆。这个抽水泵的效率更高一些。

1764年，瓦特修理某一纽科门蒸汽机时发现它严重浪费蒸汽。于是他就在机身之外加装一个凝汽器，结果显著地降低了能耗。1781年，他又发明了连杆和曲轴机构，把往

蒸汽船

复运动变为旋转运动。随后，他继续改善机器并发明调速器等，使机器配套齐全，成为实用的蒸汽动力机。现在国际上均用他的名字瓦特作为公制功率的单位，1千瓦特(千瓦)等于英制单位1.34马力。1768年，瓦特与波顿合作在英国伯明翰市建立一个工厂专造蒸汽机。瓦特蒸汽机在当时的造纸、面粉、纺织、制铁、酿酒等工厂和为城市供水的自来水厂中得到广泛的应用。当然，后来也用以推进船舶。

用蒸汽机推进船舶的最早设想是用蒸汽机驱动桨轮以代替人力划桨。欧洲早在罗马时代就出现过人力和兽力(马和牛)驱动桨轮的船。我国唐、宋时期也多次造过以桨轮作为推进器的船，称为“车船”。这些“车船”的效果并不理想，因为人力和兽力都很有限，不能远航，因而未能推广应用。

18世纪末期，在欧洲，帕潘和赫尔斯等人分别在德国和英国试验过用蒸汽机驱动桨轮，推进船舶的蒸汽机船，但都未获成功。在大西洋彼岸的美国却有几个人成功地造出了蒸汽机轮船。1785～1788年菲奇造过2艘汽船，第一艘长18.3米，宽2.44米，蒸汽机缸直径46厘米，桨轮在船尾。该船在美国费城的特拉华河上航行多次，航速每小时5.0～6.5千米。1790年，菲奇造了一艘更大的客船，在特拉华河上，共航行了约4000千米，未发生过严重事故，但未能获利，也得不到有关方面的支持，他于1798年愤而自杀。

蒸汽船

这时在欧洲，蒸汽机发源地的英国也在积极建造蒸汽机船。1801年，英国人赛明顿造了一艘长17.7米、宽5.5米、吃水2.4米的蒸汽机和桨轮驱动的木船。该船装有功率仅9千瓦的水平式单缸蒸汽机，桨轮装在船尾部。该船在连接英国苏格兰爱丁堡和格拉斯哥两大城市的运河上拖带2只载重70吨的驳船逆风前进，6小时走了32千米。该船在运河上来往航行了4个星期，后来由于航行时兴起的波浪会冲坏运河堤岸，被迫停航。1812年，苏格兰工程师贝尔造成很小的蒸汽机船“彗星”号，船长12米，宽3.2米，重 28 吨，在格拉斯哥市中心与河口的格里诺克和海伦斯堡之间的克莱德河上运输旅客和货物。后来，还把航线延长到苏格兰西海岸的奥本和 320 千米之外的威廉堡。这艘船虽小，但航速却可达 6.7 节 (12.4 千米 / 时)，被认为是欧洲第一艘商业化营运的蒸汽机船。

此后，蒸汽机船得到较快的发展。

蒸汽帆船

蒸汽机船横越大西洋

1819 年，美国装有辅助蒸汽机的帆船萨凡纳号于 5 月 24 日从美国萨凡纳港开往英国利物浦，全程航行时间 29 天 11 小时，几乎都驶帆，仅在出入港时用蒸汽机，开动蒸汽机时间约 80 小时。该船用蒸汽机驶入利物浦的梅西河时引起了轰动。

最早全航程用蒸汽机推进，横越大西洋的船是“天狼星”号和“大西方”号。“天狼星”号是一艘 2 桅船，船长 54.3 米，宽 7.8 米，深 5.6 米，703 总吨。它于 1838 年 3 月 28 日从伦敦起航，4 月 22 日晚到达纽约，在航行途中遇到风暴，但船长罗伯特上尉指挥若定。该船每天耗煤 24 吨，根据一些叙述，它不仅耗尽了船上煤仓中的燃料，而且把船上一切可燃的物品全都烧掉了，才能抵达目的地。船上没有装货，搭载了旅客 40 ~ 94 人 (根据不同说法)。

“大西方”号是当时英国著名工程师布律内尔为英国大西方汽船公司设计的。该船全长 80.2 米，总宽 (包括桨轮罩)18.2 米，1321 总吨，主机功率 336 千瓦。这船是英国布里斯托尔的 Patterson 工厂建造的，于 1838 年 4 月 7 日搭载了 7 名旅客开往纽约。当月 23 日到达，燃耗了船上所载煤炭的 3/4，它比“天狼星”号晚几小时进港。这两艘船到达港口时，引起纽约人的热烈欢迎。“大西方”号回程时载了 68 名旅客，航程 14 天，比当时的飞剪型帆船还要快一些。此后该船在布里斯托尔

蒸汽机船

和纽约间正常航行了8年。该船于1847年卖给经营西印度群岛航线的皇家邮政汽船公司。

1843年，英国布里斯托尔的大西方汽船公司新造了一艘汽船大不列颠号。这船也是著名工程师布律内尔设计的。它是一艘铁质汽船，推进器是一只4吨重的螺旋桨，船长98米，宽15.6米，3500吨。这船原计划用木建造，后改为铁造，用1.8米长，0.8米宽的小铁板制成。这确实是一项大胆的尝试。1845年7月26日，大不列颠号载着60名旅客和600吨货物从利物浦首航纽约，以14天21小时的时间完成了3300海里的航程，平均航速9.24节(1节=1海里/小时=1.852千米/小时)。主机功率1120千瓦，可能由于锅炉供汽不足和螺旋桨不匹配的原因，主机只发出450千瓦功率。回程时螺旋桨断了一只叶片，当时海上风浪很大，它利用上船上的帆装，以18天的时间驶返英国，随后该船换了一个新螺旋桨并对锅炉作了改进，顺利在大西洋上营运。

第四节　船舶发展进入新时期

现当代船舶的发展

中国现代造船业始于20世纪初。柴油机、燃气轮机、蒸汽轮机、核动力装置在船舶上的广泛使用，使得船舶可以获得巨大的功率，从而大大提高了船舶的航速和载重能力。随着冶炼技术和钢材加工技术水平的提高，使得钢制船舶成为现在舰船的主体，现代造船工业的序幕从此而拉开。目前现代造船技术正朝着高度自动化、集成化、大型化、多功能化的方向发展。

1894年，英国人查尔斯·帕森斯(1854—1931)用他发明的反动式汽轮机作为主机，安装在快艇“透平尼亚”号上，在泰晤士河上试航成功，航速超过了60千米/时。1889年瑞典人拉瓦尔(1845—1913)制造了冲击式高速汽轮机。由于蒸汽轮机较之蒸汽机具有明显的高速、强力、高效等优点，因此蒸汽轮机成为更加理想的热机，具有运转平稳、无噪声、检修起来工作量小的优点。

1903年，俄国建造的柴油机船“万达尔”号下水，船上装有3台200马力的柴油机，省去了笨重的锅炉和高大的烟囱，因而结构紧凑、

船用柴油机

体积小、操纵方便，从而开辟了柴油机在船舶上应用的先河。

1910 年，出现了齿轮减速、电力传动减速和液力传动减速装置。由于早期汽轮机船的汽轮机与螺旋桨是同转速的，使得螺旋桨很难获得高效率的转速。船舶汽轮机采用减速传动方式后，大大提高了螺旋桨的推进效率，从而大大提高了船舶航行的速度。

1947 年，英国将航空用的燃气轮机改型装在海岸快艇“加特利克”号上。1872 年，德国人斯托兹第一个制造出具有现代特征的燃气轮机，因其热效率很低，并未获得应用。进入 20 世纪后，几经改进后燃气轮机才达到实用阶段。1960 年，出现了用燃气轮机和蒸汽轮机联合动力装置的大、中型水面军舰。在民用船舶中，燃气轮机因效率比柴油机低，用得很少。

核潜艇

1954 年，美国建造的核潜艇“鹦鹉螺”号下水，功率为 11025 千瓦，航速 33 千米 / 时。核能的发现和利用又为船舶动力开辟了一个新的途径。现有的核动力装置都是采用压水型核反应堆汽轮机，主要用在潜艇和航空母舰上，而在民用船舶中，由于经济上的原因没有得到发展。

柴油机、燃气轮机、蒸汽轮机、核动力装置的发明奠定了现代和当代世界船舶工业发展的基础，使得中国船舶工业经历了从无到有、由小到大、由粗到精的巨大发展和进步。

新中国成立后，我国新的船舶工业得到国家的高度重视。实现了由修理到制造、由船体建造总装到船用配套生产、由技术引进到自行设计的转变。1955 年，中国第一艘自行设计建造的第一代沿海小港客货轮“民主 10”号下水。1959 年，新中国成立后第一艘完全自行设计建造的万吨级远洋货轮“东风”号下水，这在我国船舶制造史上是一个重要的里程碑。

1972 年，中国第一艘自行设计建造的海上自升式钻井平台——“渤海一号”由大连造船厂建造；1979 年，我国第一条自行设计建造的远洋科学测量船——“远望 1”号由江南造船厂完成建造，这是我国第一代综合性航天远洋测控船。

2002 年，中国第一艘 30 万吨超大型油轮“伊朗·德尔瓦”号是由大连新船重工有限责任公司为伊朗国家油轮公司 (NITC) 建造的，实现了几代中国造船人的梦想，也打破了世界造船强国在该领域的垄断。2008 年，中国第一艘自行建造的 14.7 万立方米薄膜型 LNG 船在沪东中华造船 (集团) 有限公司顺利交付船东，中国乃至世界造船史就此揭开了崭新的一页。LNG 船是为运输 6.5 万吨、–163℃极低温液化天然气而设计建造的专用船舶。上述的一个个里程碑记录了中国船舶工业发展的进步。目前，我国的船舶修造能力开始在世界市场上崭露头角，市场份额逐年上升，并且所接单的船舶也由普通货轮向以超大型集装箱船、液化天然气船等为代表的高附加值船舶乃至海洋工程平台扩展，在提高吨位份额的同时，也提高了船舶业的商业利润。

运输船的演变与发展

综观运输船舶的发展史，运输船舶的发展大致经历了舟筏、木帆船和蒸汽机船三个阶段，现在处于

30 万吨超大型油轮

柴油机为基本动力的钢船时代。早在史前时期，人类已经利用舟筏作为水路运输工具。从古埃及时代到 19 世纪初叶的漫长历史时期内，木帆船一直是主要的水路运输工具。蒸汽机发明后，运输船舶于 19 世纪初进入以蒸汽机为动力的新时期，造船材料也逐渐以铁和钢代木。早期的蒸汽机船，是靠安装在两舷的巨大明轮推进的，因此称为轮船。19 世纪中叶以后，螺旋桨逐渐代替了明轮，造船材料已发展到用钢，船舶的吨位不断增大。19 世纪末，汽轮机和柴油机相继问世，又为船舶提供了新的动力。第二次世界大战以后，柴油机动力渐居主导地位。现在，几乎所有的运输船舶都以柴油机为动力。

你知道吗

目前世界造船业应用的新技术

当前，船舶先进制造技术在日本、韩国和欧美等国家的船厂得到了广泛的应用，船身采用分段建造方法，高效焊接技术应用比例达98％，其中机械化、自动化焊接达85％。我国于20世纪80年代初期对船身分道建造技术、预舾装技术、精度控制技术、高效焊接技术等进行了初步研究与应用。目前，个别大型船厂开始实施分道建造，形成部分中间产品分道建造的雏形，从而出现了十几万吨乃至几十万吨的大型、巨型船舶。

19世纪70年代，英国在大西洋上开辟专门从事客运的定期航线。在此以前，运输船舶是客货混装的。从那以后，航运发达国家竞相建造设备齐全、豪华舒适的大型客船。20世纪60年代起，海上长途客运逐渐被远程喷气客机取代，但吨位较小、以旅游为目的的旅游船以及能同时运载私人汽车的汽车客船等相继发展起来。早期的蒸汽机货船都是杂货船。20世纪初开始出现油船。40年代，散货船又从杂货船中分离出来。油船和散货船从吨位计算上，在世界商船队中占有很大比重；传统的杂货船在艘数上仍居首位。从60年代起，运输船舶进一步专业化，出现了一系列新的船种，如集装箱船、液化气船、滚装船、载驳船等。集装箱船发展最为迅速，发达国家的散件杂货运输已基本。

豪华舒适的大型客船

运输船舶为能在水上安全航行，并担负载运旅客和货物的任务，必须具有以下性能：在满载旅客、货物后能漂浮于水面并具有一定储备浮力的浮性；在风力或其他外力作用下而不倾覆的稳性；因碰撞、搁浅或发生其他海损而局部进水时仍能漂浮于水面而不沉没的抗沉性；能按照驾驶人员的意图改变或保持船舶航向和速度的操纵性；在一定主机功率的推动下能以较快速度前进的快速性；遇到风浪，仍能以一定速度平稳航行的耐波性。

面向未来的核动力船舶

核能发明后，人们很快就把它应用到船舶的推进上。这样，就出现了核动力船。核能船和一般的轮船在外表上差别不大，它用小型核能反应堆把水加热成蒸汽来驱动涡轮机，实际上属于汽轮机轮船的一种。它最突出的优点是需要的燃料量很少,可以连续航行两三年。另外，由于可以采用大功率的汽轮机或燃气轮机作为主发动机，因而速度很快。

1958年,美国的实验性商船“萨瓦纳”号首先采用核动力。1959年，1.6万吨的苏联破冰船“列宁”号下水，在每年有3/4时间冰封的新地岛与白令海之间的航线上行驶。后来，苏联人又建造了它的一艘姐妹船“北极”号。至于别的国家，由于公众担心放射性物质泄漏，造成伤害，因此商用核能船迟迟未能得到推广。

而在军用船舶方面，核动力日益受到青睐，使用核动力的潜艇和航空母舰越建越多。核能发动机体积小，铀燃料经久耐用，这样军舰就可以大大延长航程而不必补充燃料，尽量减少对岸上基地及供应船的依赖。1955年，美国建成了第一艘核动力潜艇“鹦鹉螺”号。它在投入服役的最初两年内一共航行了6.2万海里而没有添加燃料。1961年，第一艘核子动力航空母舰美国的“勇往”号下水。它是世界上最大的战舰，排水量8.6万吨，航速超过35海里，只有美国的“尼米兹”级核动力航空母舰可以与之相媲美。“勇往”号的建造费用高达4.5亿美元，舰上官兵共4600人。可载战机约84架，每15秒钟就可弹射一架飞机升空，效率极高。

俄罗斯“北极”号核动力破冰船

核动力船最受重视的时候是20世纪的50年代和60年代。当时，美国有一大批坚信核技术时代已经来临的工程师。他们宣称，核动力火箭将超越苏联的化学动力火箭，一旦开发成功，就可以使美国率先

太空船

进入核太空时代。他们的游说赢得了美国国会的支持，批准了20亿美元的资金，用于设计和建造核能火箭，利用核弹爆炸的反推力推进太空船，代号为“奥利安计划”。从1958年到1965年的7年间，在花费了1000万美元后，这个计划不了了之。

唯一成为现实的是海洋核动力技术。除了核潜艇之外，美国人还制造出了一艘“无树平原”号核动力船。它于1964年建成，长181米，宽23.8米，吃水8.8米，头等客舱可载客64人，7个货舱载货9400吨，平均航速21节。船上的核反应堆可保证汽轮机在1.6万个小时内连续运行，航行距离达33.6万海里。这艘在“原子能和平利用”的口号下建造起来的客货两用船造价高达1亿美元，运营了8年才盈利1100万美元。这时候人们才意识到，轮船在装卸货物时可以补充燃料，造一艘不停靠任何码头的轮船，让它成年地在海上漫游，其实并没有任何实际意义。最后，“无树平原”号被勒令退役并永久封存。

尽管遭遇了许多挫折，但核能船的优势还是显而易见的，而且前景非常广阔。目前，美国、俄罗斯、日本等国家都在研制核能商船，至于核能破冰船、核能潜水舰等，经过半个世纪的使用，已经成为很成熟的船舶类型了。

第二章
船舶初体验

很多人都对船舶并不陌生，甚至乘坐过各种各样的船舶，但是很少有人真正地了解它们。要想船舶实现其功能的前提是要有安全作为保证。在诸多安全因素里，结构的安全性能是最为重要的。在本章内容中，我们一起了解船舶的分类方面和船舶的基本结构。

第一节　初识船舶

什么是船舶

船舶指的是依靠人力，风帆，发动机等动力，能在水上移动的交通手段。另外，民用船一般称为船，军用船称为舰，小型船称为艇或舟，其总称为舰船或船艇。是指能航行或停泊于水域进行运输或作业工具，按不同的使用要求而具有不同的技术性能、装备和结构。船舶在国防、国民经济和海洋开发等方面都占有十分重要的地位。

现代船舶

经过长期的发展，现代的船舶主要有以下性能：

1. 浮性

浮性是指船在各种装载情况下，能浮于水中并保持一定的首、尾吃水和干舷的能力。根据船舶的重力和浮力的平衡条件，船舶的浮性关系到装载能力和航行的安全。

2. 抗沉性

抗沉性是指船体水下部分如发生破损，船舱淹水后仍能浮而不沉和不倾覆的能力。中国宋代造船时就首先发明了用水密隔舱来保证船舶的抗沉性。船舶主体部分的水密分舱的合理性、分舱甲板的干舷值和完整船舶稳性的好坏等，是影响抗沉性的主要因素。

3. 稳性

稳性是指船受外力作用离开平衡位置而倾斜，当外力消失后，船能回复到原平衡位置的能力。一般水面船舶的稳性主要是指横倾时的稳性。船宽、水线面系数、干舷、重心高度、水面以上的侧面积大小和高度，以及船体开口密封性的好坏等,是影响船舶稳性的主要因素。

4. 耐波性

耐波性是指船舶在波浪中的摇荡程度、失速和甲板溅浸(上浪、溅水)程度等。耐波性不仅影响船上乘员的舒适和安全，还影响船舶安全和营运效益等，因而日益受到重视。

船在波浪中的运动有横摇、纵摇、首尾摇，垂荡(升沉)、横荡和纵荡六种。几种运动同时存在时便形成耦合运动，其中影响较大的是横摇、纵摇和垂荡。溅浸性主要是由于纵摇和垂荡所造成的船体与海浪的相对运动，增加干舷特别是首部干舷、加大首部水上部分的外飘，是改善船舶溅浸性的有效措施。

5. 快速性

快速性是表征船在静水中直线航行速度，与其所需主机功率之间关系的性能。它是船舶的一项重要技术指标，对船舶使用效果和营运成本影响较大。船舶快速性涉及船舶阻力和船舶推进两个方面。合理地选择船舶主尺度、船体系数(尤其是方形系数 G 和棱形系数 G) 和线型，是降低船舶阻力的关键。

6. 经济性

经济性是指船舶投资效益的大小。它是促进新船型的开发研究、改善航运经营管理和造船工业的发展的最活跃因素，日益受到人们重视。船舶经济性 属船舶工程经济学研究的内容，它涉及使用效能、建造经济性、营运经济和投资效果等指标。

7. 船舶的操纵性

船舶的操纵性是指船舶能按照驾驶者的操纵保持或改变航速、航向或位置的性能，主要包括航向稳性和回转性两个方面，是保证船舶航行中少操舵、保持最短航程、靠离码头灵活方便和避让及时的重要环节 ，关系到船舶航行安全和营运经济性。

不同船舶的分类方法

由于船舶在用途、航行区域、航行状态、推进方式、动力装置、造船材料等方面各不相同，因此现代船舶分类方法很多。

1. 按船舶的用途分

(1) 民用船舶用于运输、渔业、工程船、港务工作船、特种场合的船舶。

(2) 军用船舶用于军事目的的船舶。

2. 按船舶的航行区域分

(1) 海洋船舶航行于大洋中的船舶。

(2) 内河船舶航行于江、河、湖泊中的船舶。

(3) 港湾船舶航行于港湾区域的船舶。

3. 按船舶在水中的航行状态分

(1) 浮行船是指水上浮行的船舶，属排水型船。

(2) 潜水船是指水下潜行的船舶，属排水型船。

(3) 滑行船是指船航行时，船体绝大部分露出水面并沿水面滑动的船。

(4) 腾空船是指船身在完全脱离水面状态下运行的船舶。

4. 按船舶推进方式分

(1) 人力推进的船舶依靠原始的撑篙、拉纤、划桨、摇橹等方式来推进的船舶。

你知道吗

什么是纤夫

所谓“纤夫”，是指那些拉纤绳的人。当年，内河上煤、木材、农副产品和日用品全靠船只运进运出，纤夫在那时就起着关键性的作用。他们曲着身子，背着缰绳往前迈。有许多纤夫拉纤的时候是不穿衣服的，暮春、夏季、初秋等温暖的时节多是光着身子。

(2) 风力推进的船舶依靠风帆、

风帆

护卫舰

风车、风筒等方式来推进的船舶。

(3) 机械推进的船舶依靠明轮、喷水、水下螺旋桨、空气螺旋桨等来推进的船舶。

5. 按动力装置的不同分

按动力装置的不同可分为往复蒸汽机船、柴油机船、蒸汽轮机船、燃气轮机船、电力推进船、联合动力装置推进船和核动力装置船。

6. 按造船所用材料的不同分

按造船材料可分为木船、水泥船、钢船、铝合金船、玻璃钢船等。

7. 按用途的不同分

(1) 运输船包括客船（客货船）和货船。

(2) 渔业船包括拖网渔船、围网渔船、钓鱼渔船、捕鲸船等；渔业加工船、渔业调查船、渔业指导船、渔政船、渔业救助船等。

(3) 工程船包括挖泥船、起重船、布设船、救捞船、破冰船、打桩船、浮船、海洋开发船、钻井船和钻井平台等。

(4) 港务工作船包括拖船、引航船、消防船、供应船、交通船和助航工作船等。

(5) 特种船舶包括水翼船、气垫船、地效翼船、双体船、玻璃钢船和超导船等。

(6) 军用舰艇包括巡洋舰、驱逐舰、护卫舰、航空母舰、登陆艇、扫雷艇、布雷艇、潜艇、快艇、运输舰、修理舰、消磁船和医院船等。

魅力独具的各种船舶

1. 客船

根据 SOLAS 公约的规定，凡载客超过 12 人者均应视为客船，这类船舶通常多为定期定线航行。其特点是具有多层甲板的高大上层建筑，具有较好的抗沉性，且船速较高，并设有减摇装置。

按载客的性质不同，客船有以下几种：

(1) 全客船。指专用于运送旅客及其所携带的行李和邮件的船舶，一般设计为“二舱或三舱不沉制”。

(2) 客货船指在运送旅客的同时，还载运相当数量的货物，并以载客为主，载货为辅。客货船一般设计为“二舱不沉制”。

(3) 货客船该种船舶以载货为主，载客为辅。货客船在抗沉性方面一般以“一舱不沉制”为最低设计要求。

集装箱船

(4) 客滚船是指具有滚装装货处所或特种处所的客船。其结构特点与滚装船类似。

2. 集装箱船

集装箱船又称货柜船或货箱船。其货舱和甲板均能装载集装箱，货舱盖强度大；多为单层甲板结构，货舱开口宽大；为保证船体强度和提高抗扭强度，船体设计为双层底和双层壳舷侧结构，并在双层舷侧的顶部设置抗扭箱结构；同时为防止货箱移动和固定货箱，货舱内设有格栅式货架 (箱格导轨系统，其装卸效率高，货损货差少)。

3. 散装货船

散装货船指专用于载运如散粮、煤炭、糖等密度较小的散装货物的船舶。其特点是货舱为单层甲板，舱口较宽大；为单层或双层船壳结构；舱口围板高大，货舱横剖面成菱形，这样既可装满货舱，减少平舱工作，方便卸货，又可防止货物移动而危及船舶的稳定性；货舱四角的三角形舱柜为压载舱，用于调节吃水和稳性高度；船型较大，一般单向运输。

矿砂船

4. 矿砂船

矿砂船是专门用于载运散装矿砂的船舶，为单向运输船。这种船货舱为单层甲板，舱口较宽大，且一般由两道纵舱壁将整个装货区域分隔成中间舱和两侧边舱，在中间舱下部设置双层底，中间舱装载矿货，两侧边舱作压载舱。为提高重心高度，矿砂船的双层底设计得特别高，有的矿砂船货舱的横剖面设计成漏斗形，这样既可提高船舶的重心高度又便于清舱。

5. 兼用船

兼用船一般为既可装载油类又可装载散装干货，但不同时装载的船舶（存有油类的污油水舱例外），且为肥大船型，主要有两种类型：

(1) 矿砂/石油两用船。矿砂/石油两用船由两道纵舱壁将整个装货区域分隔成中间舱（约占整个货舱舱容的40% ~ 50%）和左右两侧边舱，双层底设于中间舱下部且没有矿砂船那样高。船的全部或大部分中间舱用于装载矿货，边舱和部分中间舱装载货油。即单运矿砂时装在中间舱；运油时则载于两侧边舱和部分中间舱。

(2) 矿砂/散货/石油三用船。货舱横剖面形状与散货船类似成棱形，但一般为双层船壳并具有双层底舱和上、下边舱。其中间舱（约占整个货舱舱容的70% ~ 75%）的全部或大部分用来装载散货或矿石，两侧边舱、上边舱和部分中间舱用来装载货油，下边舱为压载舱。

6. 杂货船

杂货船即普通货船，主要用于装载一般干货，如成包、箱、捆、桶的杂货。通常是多层（2 ~ 3层）甲板结构，舱口尺寸较大以便于装卸，并配有吊杆或起重机。在抗沉性方面，一般设计成“一舱不沉制”。

7. 滚装船

滚装船是一种设计和制造成能装载车辆或装载固放在车辆上的集装箱或托盘货物的专用船舶。因其将传统的船舶垂直上下装卸改成水平方向滚动方式装卸，故有人又将其称作“带轮”作业。

货物滚装船

你知道吗

“渤海翠珠”号

军民通用客货滚装船

渤海翠珠号军民通用客货滚装船是渤海轮渡股份有限公司斥资近4亿元按照无限航区国际航行标准并参照了邮轮设计理念设计和建造的国际豪华客滚船，是渤海湾里第一艘拥有无限航区权限，即航行国际航线的国产客滚轮。是中国第一艘能容纳直升机直接起落的客滚轮，是中国第一艘3.6万吨军民通用客货滚装船。平时用于民事交通运输，担负烟台至大连航线的客运任务，战时可以满足坦克、装甲车等重型装备的装载需求。

8. 木材船

木材船专用于装运各种木材，其货舱要求长而大，舱口大，舱内无支柱等障碍物。因甲板需装载木材，故甲板强度要求高，舷墙也较高，并在甲板的两舷舷侧设有立柱或立柱底脚，同时将起货机均安装于桅楼平台上。木材船的干舷比一般货船低。

9. 冷藏船

冷藏船是指专用于运输鱼、肉、水果、蛋品之类等易腐鲜货的船舶。其特点是具有良好的隔热设施与制冷设备，货舱口小，货舱甲板层数较多(一般为3 ~ 4层)，船速较快而吨位较小。冷藏集装箱的发展部分代替了冷藏船的运输功能。

10. 多用途船

多用途船是指具有既可单独用于载运普通件杂货、重大件货、袋装货或散装货，同时又可用于载运集装箱或其他特种干货能力的船舶。如集装箱/杂货船、杂货/袋装货/散装货船、杂货/特种重大件货/集装箱船等。该类船舶货舱均经特别设计，能满足载运多种货物的需求。货舱口一般较宽大，有的船舶设有二层甲板结构，和起重设备(以起重机为主)。

多用途船

11. 液货船

液货船是指建造成或改建成适合于运输散装易燃液体货物的货船。有油船、液体化学品船等。

(1) 油船。油船是指载运石油及石油产品的船舶，有原油油船和成品油油船两种。

(2) 液体化学品船。液体化学品多数为有毒、易燃、腐蚀性强的液体货物，且品种繁多。因此，船舶多设计成具有许多较小的水密货舱，舱壁多用耐腐蚀的不锈钢制成，这种船为防止船底触破后造成化学液体外溢而发生污染，均设置双层底。配载时，应将有毒物品装于中间一列货舱内，不可装在两舷侧的舱内，且液货的装卸需要用蒸汽带动的泵来进行。该种船具有多个泵舱。

12. 液化气船

按所载运液化气种类的不同，液化气船可分为液化天然气船、液化石油气船及乙烯运输船三种。

(1) 液化天然气船。液化天然气的主要成分是甲烷，为便于运输，

油船

通常采用在常压下极低温 (–165℃) 冷冻的方法使其液化。液舱要求有严格的隔热结构，要求能保证液舱恒定低温。常见的液舱形状有球形和矩形两种，但也有少数船舶将液舱设计成棱柱形或圆筒形的。

(2) 液化石油气船。目前运输液化石油气的方法有 3 种：一种是将其加压液化,可在常温下进行装卸，这种船叫全加压式液化石油气船，其货舱常为球形或圆柱形罐，货舱为圆柱形罐的液化石油气船；另一种是冷冻液化，叫全冷冻式液化石油气船，其货舱可制成矩形，舱容利用率高，但需设置良好的隔热层；第三种是既加压又冷冻液化，叫半加压半冷冻式液化石油气船。

液化石油气船

(3) 乙烯运输船。目前运输乙烯的通常做法是将其加压液化，可在常温下进行装卸，其货舱常为球形或圆柱形罐，货舱为圆柱形罐的乙烯运输船。

13. 其他船舶

(1) 工程船。工程船指从事港口、航道、海洋、水利工程的船舶，主要有挖泥船、起重船、海洋调查船、敷缆船、航标船等。

(2) 工作船。工作船是指为航行船舶提供服务性或专业性工作的专用船舶。主要有：拖船、供应船、破冰船、海难救助船、消防船、科学考察船等。但为最大限度地发挥工作船的作用与提高经济效益，多用途工作船业已得到了迅猛发展。

在上述船舶中，破冰船较为特殊，其船首呈前倾状并予以特别加强，首尾的左右两舷均设置有大的压载舱。破冰时使船首先冲上冰层，再将尾部压载水打到首压载舱，靠重力或船身左右晃动将冰压碎。

第二节　近距零透视船舶结构

全船构造总览

船体结构的形式取决于船舶的类型。总体上说，钢质船舶的全船结构可分为主船体和上层建筑两大部分。主船体部分包括首部、中部和尾部；上层建筑部分包括首楼、桥楼、尾楼。

船首部和尾部的舱室比较尖瘦，一般用作压载水舱和锚链舱、舵机舱等。中部舱容大，用作货舱。机舱通常布置在中部以后，整个船体是被外板、连续的上甲板包围起来的水密结构，船内又被分隔成各种用途的舱室。

1. 船体型钢

船舶在海上航行要承受海浪、载重等巨大的力的作用，船舶结构必须要有足够的强度。现代船舶建造广泛采用各种型钢。采用型钢来造船，能以较小的尺寸获得较大的结构强度，从而减少钢材用量，节约船舶建造成本，降低船体自重，增加载运量。

船舶常用型钢有平直钢、组合

尖瘦的船首部

T型材、球扁钢、折边钢、角钢、扁钢、弯曲板、槽钢、T型钢、工字钢、圆钢、半圆钢等。

船体钢材可以由钢材生产工厂进行轧制，如球扁钢、槽钢、圆钢等，然后直接供应造船工厂；也可以根据需要，由造船工厂自行制造，如T型材和组合型材等。

2. 船体骨架结构形式

为提高船舶的结构强度，尽可能地减少钢材用量，船壳外板或承载压力钢板的内侧焊接上横纵交错钢骨架。由钢板和骨架构成的结构称为板架结构。板架结构中同一方向数量多的构件称为主向梁，垂直主向梁的构件称为交叉梁。一般情况下，交叉构件的尺寸都要比主向梁的尺寸大，所以也称主向梁为次要构件，交叉构件为主要构件。

巨大的船体

船体板架中，骨材一般沿着船长和船宽方向布置，形成纵横交错的方格。船的壳体是由许多板架结构组合起来的。船体是由钢板包裹，内部有骨架支撑的刚性空腔，巨大的空腔可以排开大量的水，获得巨大的浮力。空腔内部的空间又为货物的装载提供了必要的空间。

你知道吗

最早的龙骨结构

中国古代船舶的龙骨结构是造船业中的一项重大发明，对世界船舶结构的发展产生了深远的影响。宋代尖底海船甲板平整，船舷下削如刃，船的横断面为“V”形，尖底船下设置贯通首尾的龙骨，用来支撑船身，使船只更坚固，同时吃水深，抗御风浪能力十分强。欧洲船只于19世纪初才开始采用这种龙骨结构，比中国晚了数百年。

船体的板架结构，按主向梁布置的方向可分为三种形式。

(1) 横骨架式。主向梁沿船宽方向布置，由主向梁和交叉构件所形成方格的短边指向两舷。这种骨架形式横向构件布置得较密、间距小，而纵向构件间距大。这种形式的骨架横向强度较好，施工方便，一般应用于对横向强度要求较高的小型船舶、内河船舶和一些大型船舶的首尾段。但在同样受力条件下外板和甲板的厚度比纵骨架式大，结构重量也大。

(2) 纵骨架式。主向梁沿船长方向布置，由主向梁和交叉构件所形成的方格的短边指向首尾。这种骨架形式纵向构件布置得较密、间距小，而横向骨架间距大。这种形式的骨架纵向强度较好，增加了船体的总纵强度，提高了板对总纵弯曲压缩的稳定性，可相应减少板厚，减轻结构重量，但施工麻烦。一般在船舶的中部采用纵骨架式。

(3) 混合骨架式船上的结构有的部分采用横骨架式，有的部分采用纵骨架式，能够综合横、纵骨架式的优点。

3. 船体构件名称

船体结构中每个加工单元就称为一个构件，每个构件都有一定的名称。这里只简单地介绍一些常见构件的名称。船体板架中大的构件，一般纵向的叫“桁”，如甲板纵桁、舷侧纵桁、双层底船的船底纵桁，但单底船则称为“龙骨”；横向的叫“梁”，如甲板梁、强横梁。小

客船

的构件，纵向的一般叫“纵骨”，如船底纵骨、舷侧纵骨、甲板纵骨等；横向的叫“肋骨”，主要指舷侧，稍大些的构件叫“强肋骨”。

主船体结构浅析

主船体是由船舶外板和连续的上甲板包围起来的水密空心结构。在船舶结构力学中，一般把主船体抽象成一个空心的薄壁梁。

1. 船体外板

为了保证船舶能够在水上漂浮，

船体的表面覆有一层水密的外板。外板保证船体水密，使船舶具有漂浮及运载能力，它与船底骨架及舷侧骨架一起共同保证船体的强度和刚度。

船体外板由许多块钢板拼合焊接而成。钢板长边通常沿船长方向布置，形成船长方向的一长列，称为列板。

2. 船底结构

船舶的外板能够保证船舶的水密性，但是为了保证船舶的结构强度，只有外板还是远远不够的，还需要内部强有力的骨架。

船底是船舶的基础，它是保证船体总强度的重要组成部分。在结构力学中将船体视为一空心薄壁梁，船底是这一薄壁梁的底面，承受了巨大的弯矩。同时，船底直接承受水的压力、各种机械设备、货物、主辅机的重量，以及螺旋桨的振动和装卸货物的冲击力。当船舶搁浅或坐墩时，船底承受了全船的质量。

3. 舷侧结构

舷侧结构是连接船底和甲板的侧壁，它直接受到舷外水压力、碰撞力、波浪冲击力、冰块向冲击力和挤压力等作用。

船舶底部

你知道吗

船舶在风暴中是否可以掉头

在陆地疾驰的汽车可以根据需要转弯掉头，那在海里航行的船舶是不是也可以这样呢？应该说，在正常的天气情况下并没有太大的问题，但是，在大风大浪的天气就没那么简单了。因为，船舶在风暴中掉头是非常危险的。若不是在船舶失控等不得已的情况下绝不可以轻举妄动，尤其是空船掉头就更加困难了，弄不好就会葬身海底。这时就要求船长必须对船舶稳性和操纵性都有彻底了解，对外界气流有正确的判断，而且还要将船上易动货物、物料、餐具等妥善放置后选择适当时机才能下达掉头命令。

一般船舶的舷侧只有一层外板，即单层壳舷侧，但具有纵通长大舱口的船舶，例如集装箱船和内河分节驳、深舱驳等，常采用双层壳结构，也称双层舷侧结构。

舷侧结构也分为纵骨架式和横骨架式两种结构形式。在民用船舶中，除油船及大型运输船舶外，大多采用横骨架式。

船舶的上甲板

4. 甲板结构

为了充分利用船体内部空间，用甲板将船体上下部分分隔。上甲板保证船体顶部的水密性及遮蔽下面的空间，它构成船体等直梁的上翼板，是保证船体总强度的重要构件之一；下层甲板起着舱室地板的作用，装载着各种货物和设备，或布置指战员、船员，旅客居住与工作房间。甲板结构也分为横骨架式和纵骨架式两种。

5. 舱壁结构

船上有许多横向和纵向布置的舱壁，它们将船体内部空间分隔成若干用途不同的舱室。同时，舱壁也是保证船舶安全不可缺少的部分。根据船舶抗沉性要求设置水密舱壁，

船舱环境

将船体分隔成若干个水密舱室，一旦发生海损事故，船舶不致因破舱进水而沉没。横舱壁对保证船体横向强度和刚性有很大作用，这对纵骨架式的船舶尤为重要。较长的纵向舱壁能增加船的总纵强度，液舱或水舱用纵舱壁分隔，还可以限制液体摇荡，减少自由液面对船舶稳性的不利影响。舱壁也有防火、防毒气蔓延的作用。

你知道吗

压舱水对空船航行的作用

人们在骑自行车顶风前进时都要尽量减少携带的货物，以减少阻力，可是，空船在大风浪中航行时，为什么要加入大量海水加载运行呢？原来，油船和装运大宗货物的货轮（如煤、矿石、木材等），常常是单程货载运行的。在返回途中，多数是空船航行。这时，由于船体露出水面部分较大，使船接受风的面积也较大，同时，用于控制船舶方向的舵浸入水中面积小，难以控制航向。因此，为了航行安全，要在船舶的某些舱内（压载舱）压入海水或在货舱内装载特殊重物来增加排水量，以稳定船舶，有利于航行，这就是所谓的压载航行了。

各有千秋的船体结构

从目前航运市场的实际情况看，油类、集装箱及散装货物的运输无疑是海上货流的主体，也因此带动了主流船型的飞速发展。本节将就油船、集装箱船、散装货船及矿砂船这些专用船的船体结构特点结合规范规定作一简要介绍。

1. 油船

从油船的船体结构角度分，可将油船分为双壳油船和单壳油船两种。这里仅介绍双壳油船。

双壳油船指具有双层底、双壳、机舱位于尾部，并从事原油或石油产品运输的专用船。其特殊结构特点主要表现在以下几方面：

(1) 货油舱的布置。

①货油舱由双层底、双壳、隔离空舱和甲板围成，双层底及双壳内不允许装货油和燃油。

居住舱室

②货油舱区域的甲板、船底和内底均为纵骨架式，且当船长度大于190米时，舷侧、内壳和纵舱壁一般也为纵骨架式结构。

③为便于与机炉舱、干货舱及居住舱室等隔离，在货油舱区前后两端设有隔离空舱。隔离空舱可遮隔全部货油舱端部舱壁面积，且其舱壁间的距离不小于760毫米。泵舱、压载舱、燃油舱可兼作隔离空舱。

④与货油舱相邻的舱室，包括穿过或邻接货油舱的通道和管隧，其出入口均直通至露天甲板。

(2) 双层底。

①为保证双层底的完整性，货油舱的舱底（内底板）上无人孔（机舱内双层底相同），进入双层底的出入口直通至露天甲板。

②箱形中桁材或管隧与机舱隔离，并具有在水平方向上相距最大距离的通向开敞甲板至少两个出口。

(3) 舱壁。

①舱壁的型式主要有：平面油密横舱壁与纵舱型、槽型油密横舱型与纵舱壁及非油密舱壁和制荡舱壁等。

②槽形油密纵、横舱壁一般设有底凳和顶凳。船长为190米及以上的油船一般不采用槽形纵舱壁。

③横向非油密舱壁或制荡舱

壁的开孔面积不小于舱壁总面积的10%，且设有不小于600毫米 ×800毫米的通道开口。

(4) 货油舱舱口。

①同一货油舱当由一个或几个制荡舱壁(或非油密舱壁)隔开时，至少设有两个相互远离的舱口，并不在同一肋距内。

②舱口的形状为圆形或椭圆形，其中椭圆形舱口的长轴沿船长方向布置。

③舱口的尺寸和位置是在考虑对油舱进行维护保养及考虑到穿戴呼吸器具人员的出入和失去知觉的受伤人员(可能在担架上)从油舱撤出的基础上确定。基本原则是在满足合理的通道和通风要求的条件下保持最小尺寸。

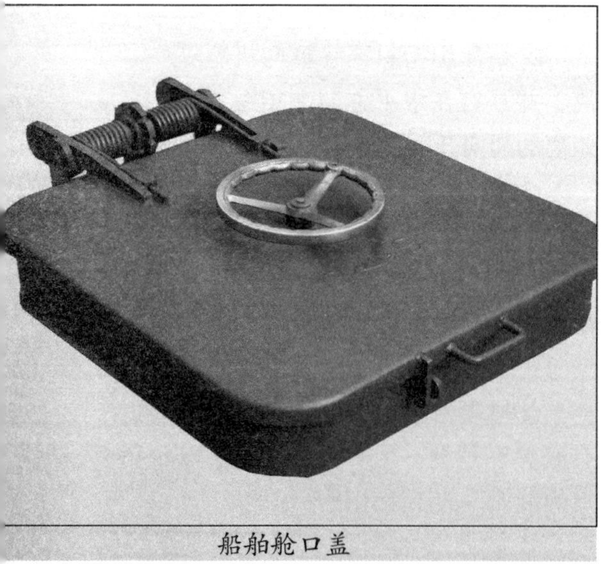

船舶舱口盖

④舱口围板的高度不小于600毫米厚度不小于10毫米，盖板的厚度不小于12毫米。

⑤舱盖上具有直径不小于150毫米且能保证油密的测量孔与观察孔。

⑥舱口设有至舱底的钢质固定扶梯，扶梯的倾斜度不大于70°且在实际长度大于9米时设有休息平台。

2. 集装箱船

集装箱船是指在货舱内和甲板上载运标准集装箱的船舶。其特殊结构特点体现在以下几个方面。

(1) 船体的基本结构形式为双层底和双层壳舷侧结构，且在双层壳舷侧的顶部设置有抗扭箱结构，或在保证船体结构强度的前提下，采用双层底和具有抗扭箱或其他等效结构的单层壳舷侧结构代替。

(2) 舷侧顶部采用纵骨架式结构，且在船长大于100米时，其双层底内也采用纵骨架式结构。

(3) 货舱区域内的强力甲板为纵骨架式结构，且在货舱区域内的强力甲板构件尺寸保持不变。

(4) 在单层壳舷侧采用纵骨架式结构时，其强肋骨、双层底内的实肋板和抗扭箱的横框架布置在同一剖面上并最终构成整体框架，以保

集装箱船

证船舶的横向强度。

(5) 在舱内集装箱角座下方的双层底内设置有旁桁材。且在纵骨架式双层底内的横舱壁下面及在舱长中点处和距横舱壁 1/4 舱长处的支持结构下面均设置有实肋板。

(6) 水密横舱壁的顶部和底部一般设置为箱形结构。

3. 散装货船

散装货船指机舱在尾部、货舱区域设有底边舱 (下边舱) 和顶边舱 (上边舱) 且开口线外强力甲板和双层底为纵骨架式的单甲板船。有单壳与双壳结构两种，这类船舶的特殊结构特点主要有：

(1) 纵骨架式底边舱在货舱水密舱壁处设置有水密隔壁或制荡舱壁。

(2) 顶边舱在货舱的水密舱壁处设置有水密隔壁或制荡舱壁。

(3) 舱口垂向列板及顶边舱斜板的顶列板厚度不小于开口线外甲板厚度的 60%。

(4) 船长 190 米及以上的单壳散装货船在货舱区的主肋骨与其上、下肘板为整体式结构，且为对称横剖面。

散装货船

(5) 横舱壁的上、下部通常设有顶登及底登。

4. 矿砂船

矿砂船指专门设计用于装载矿砂的船舶。为具有双层底及设有两道纵舱壁的尾机型单甲板船，其特殊结构特点有：

(1) 货舱区域的船底和货舱开口线外的强力甲板均为纵骨架式结构。

(2) 为保证横向强度，边舱内的水密横舱壁与中舱内的水密横舱壁位置一致。

(3) 在内底板与纵舱壁折角处的双层底内设有旁桁材。

(4) 边舱内在纵舱壁的折角处设有开孔的水平隔板或水平框架，以保证纵舱型的横向抗压能力。

(5) 其双层底的结构采用重货加强的结构形式，即满足实肋板间距不大于 2.5 米、桁材间距不大于 3.6 米等要求。

(6) 纵舱壁的最下列斜壁板厚度与内底板等厚，并向上逐渐减薄。

你知道吗

世界上最大的矿砂船

2008 年 9 月 26 日，我国建造的 30 万吨超大型矿石运输船（VLOC）顺利建成下水。这是我国造船企业建造的首艘 VLOC。它是专门从事铁矿石海上运输的大型船舶，该船总长 327 米，型宽 55 米，型深 29 米，3 载质量为 38.8 万吨，这是中国历史上建造过的最大矿砂船，也是世界上最大的矿砂船。

第三章
遨游大海的基础——航海设备

一个人的身体要想保持健康，便需要身体的各个器官保持协调运转。而船舶便相当于一个人的身体，同样需要船舶的各个设备保证良好协调地运行，才能让船舶乘风破浪，在万顷碧波之上驰骋遨游。本章将带你了解船舶的基本设备及其作用。

第一节 船舶的制动系统——锚设备

锚设备不仅仅是个锚

锚设备由锚、锚链、锚链筒、起锚机械以及附属设备组成。

1. 锚

锚是锚设备中产生抓驻力的主要部分之一。按锚的结构分为有杆锚、无杆锚两种，按其用途可分为普通船用锚、大抓力锚、特种锚等。

船锚

2. 锚链

锚链主要用来连接锚和船体，传递锚产生的抓驻力。锚泊时，在出链长度适当时，卧躺海底部分的锚链也能由与接触底质的摩擦而产生部分抓驻力。

3. 锚链筒

锚链筒是锚链进出以及收藏锚干的孔道，其直径约为链径的 10 倍左右。锚链筒由甲板链孔、舷边链孔和筒体三部分组成。锚链筒的上下口一般均设有锚唇，分别称为上锚唇、下锚唇 (用钢板或铸钢制成的锚唇外缘的圆弧半径一般应不小于锚链直径的 12 倍)，其作用是减少锚链与上下口的磨损。

4. 制链器

制链器设置在锚机和锚链筒之间，用于固定锚链，防止锚链滑出。在锚泊时，制链器将锚和锚链产生的拉力传递至船体，以减轻锚机的负荷，保护锚机。航行时承受锚的重力和惯性力。常用的有以下几种：

(1) 螺旋制链器螺旋制链器，由两块夹板和一个带摇柄的有正倒螺纹的螺杆组成。当转动摇柄使两夹板夹紧时，即夹住锚链；反之松开夹板，锚链即可自由进出。虽然其松紧动作较慢，但结构简单可靠，故中、小型船舶仍普遍采用。

(2) 闸刀式制链器。闸刀式制链器，结构简单，操作迅速。但当其尺寸大时显得笨重，一般只在中小型船舶上使用。

(3) 链式制链器。链式制链器，由一个链钩、一个伸缩螺丝和一段短链组成。它用卸扣固定在甲板上，使用时将链钩钩在一水平的锚链链环上，然后收紧伸缩螺丝，即可拉紧锚链。它常与螺旋制链器配套使用，作为螺旋制锛器的辅助装置。

闸刀式制链器

(4) 锚机作为抛锚、起锚的机械，其上的滚筒可作绞缆用。

(5) 锚链管是锚链进出锚链舱的孔道。位于锚机链轮下方，正对锚链舱的中央，其直径约为锚链直径的 7 ~ 8 倍。它的上口设有防水盖，该防水盖开航后应关闭，以防海水由此进入锚链舱。

7. 锚链舱

锚链舱是存放锚链的舱室。一般设在防撞舱壁之前，锚机下面，首尖舱的上面或后面。其形状为圆形或方形。圆形锚链舱直径约取链径 30 倍时，可不必排链。

8. 弃链器

弃链器是在紧急情况下使锚链末端迅速与船体脱开的装置。弃链器一般设在人员易于到达的地方，其装置应能保证在紧急情况下可迅速可靠地脱开锚链。常见的有横闩式弃链器和螺旋式弃链器等。

(1) 横闩式弃链器。它结构简单，使用方便，在需要弃链的紧急情况下，只要敲出横闩，即能松脱末端链环。它有装在甲板上和装在锚链舱壁上两种。装在甲板上的弃链器通常外罩一个水密盖，既可达到水密，又能防止不慎触碰而松脱。

(2) 螺旋弃链器。该弃链器利用控制螺杆的伸缩使脱钩松开或夹住。其结构较复杂，但使用安全可靠，即使在锚链绷紧时也容易松脱，缺点是开启动作较缓慢。螺旋弃链器一般装设于锚链舱舱壁上。

锚设备的几种方式和作用

船舶抛锚后，在外力作用下，拖着锚和锚链移动，最后使锚爪逐渐抓底；在锚和锚链的抓驻力小于作用于船体上的外力（风、流、波浪、空气对船体的作用力）或/和船舶移动的惯性力或螺旋桨对船体的作用力时，船舶作减速运动；当锚牢固抓住海底时，作用在船体上的外力或/和船舶移动的惯性力或螺旋桨对船体的作用力与锚和锚链产生的抓驻力达到平衡，船便被系留在该处。

船锚

船舶用锚基本可以分成系泊用锚、辅助船舶操纵用锚、应急用锚等几种方式。

1. 系泊用锚

船舶为了等待装卸货物、避风、等泊位、候潮、等待检疫等需要在锚地抛锚停泊。系泊用锚要求锚能抓牢。松出适当长度锚链后，锚以及锚链产生的抓驻力能抵抗船舶所受的水流、风力和波浪对船舶的作用力。根据泊地的自然条件，可以分为单锚泊和双锚泊两种锚泊形式。

(1) 单锚泊。在开敞锚地，能供船舶有足够的旋回水域，风流不大时则可抛一个锚停泊，松链的长度根据水深、底质、风流大小及停泊时间长短而定。一般情况下，松链长度在 3 ~ 4 倍水深以上。

(2) 双锚泊。有一点锚、八字锚、串联锚和一字锚等形式。

一点锚：也有称平行锚，是目前大风浪天气下或抗台风时较为常用的方法。遇到风向不断变化的大风时，采用本抛锚法较有效。操作时，同时抛下船首双锚，用两锚的合抓力抵抗作用在船体上的风流等外力。此抛锚法，抗台风效果较好，且不易产生锚链绞缠现象。

八字锚：在风浪较大、水流湍急，底质较差的锚地，抛下双锚可以增加锚的抓力。八字锚要求在风流作用下,船应在两锚的中心线上,使两锚受力均匀，八字伸开，两锚夹角一般取 30° ~ 60° 。

船锚

串联锚：在风流较大又不适宜抛八字锚时，可以使用串联锚以增加锚的抓力。抛锚前先用一短钢丝绳将一只小锚系结在首锚锚冠处，抛锚时先抛出小锚,然后再抛首锚。因操作较繁，因而较少使用。

一字锚：在锚地狭窄的港湾或河道，并有潮汐影响且船舶旋回受到限制时，则抛一字锚。它要求双锚位置处在一直线上，以船首为中心，船长为半径，来限制船舶的旋回水域。一字锚只有一个锚受力，称为“力锚”；另一锚不受力，称为“隋锚”。

2. 辅助船舶操纵用锚

在狭水道航行时，有时用抛锚帮助抻失或转向、靠离泊时或紧急避让时用拖锚来控制船首向、控制船身或刹减船速。操纵用锚一般出链不长，主要起阻滞作用，不要求锚完全抓牢。

3. 应急用锚

在狭水道等通航密度较大的水域航行时，有时为紧急避让，可以拖（双）锚刹减船速，以避免碰撞或减小碰撞损失。如果船舶搁浅，可沿脱浅方向运锚抛下，绞收锚链以协助出浅。在船舶遇到大风浪，顶风滞航时，可以用抛锚并出链适当长度来增加船舶漂移阻力并有利于控制船首向，以辅助船舶抵抗大风浪。

形形色色的锚

锚的种类较多，按其结构和用途，可分为有杆锚、无杆锚、大抓力锚和特种锚等。在商船上普遍采用的首锚为杆锚，而尾锚有时采用有杆锚或燕尾锚。

大抓力锚

1. 大抓力锚

大抓力锚分有杆大抓力锚与无杆大抓力锚两种。其特点是锚爪宽且长、啮土深、稳定性好、抓重比大。

有扦大抓力锚结合了有杆锚和无杆锚的优点，为有杆转爪锚，在其锚头处设有稳定杆，以保证锚抓底的稳定性，这种锚一般用于较松软底质，且收藏不便，所以较适宜于工程作业船和小船。丹福斯锚(也称燕尾锚)的锚爪可前后转动各约 30° ，抓重比一般大于 10，多用于工程船舶；史蒂文锚的锚爪短而面积大，而且其锚爪的最大转角可由装在锚杆上的可移动锲块调节，以适应多种底质，其抓重比可达 17 ~ 34。现多用于石油平台的定位锚。

用大抓力锚作首锚时，锚重量大多可以取相应普通锚重的 75% 即可。

大抓力锚

无杆大抓力锚由无杆锚发展而来，它改良了无杆锚的助抓突角和锚爪。为英国研制的 AC–14 型锚，它设有极厚实并且宽大的稳定鳍，有很好的稳定性，啮土迅速，对各种底质的适应性强，抓重比高达 12 ~ 14，常用于超大型船或水线以上面积较大的滚装船上作首锚。

2. 无杆锚

无杆锚又称山字锚。包括销子和转轴在内的普通无杆锚的锚头总重量应不小于该锚总重量的 60%。目前商船上普遍使用的无杆锚多为霍尔锚与斯贝克锚，这种锚的锚干与锚爪分别铸造，没有横杆。锚爪和锚冠可以绕穿过锚干下端孔的销轴转动，锚爪的折角约为 45°，锚冠两侧的突出部分称助。

抓突角，用于在锚链拉力作用下使锚爪转动而啮入土中。抓土时两爪同时入土，抓重比为 2.5 ~ 4，最大不超过 8。由于无杆锚结构简单，抛起锚作业和收藏方便，故适宜用作首锚，但其抓力较小，而且在转流时容易耙松泥土而引起走锚。

霍尔锚是无杆锚的一种。斯贝克锚是霍尔锚的改良型，收锚时其锚爪自然向上，并且一接触船壳即翻转，不会损伤船壳板。

尾翼式锚是我国研制的新型无

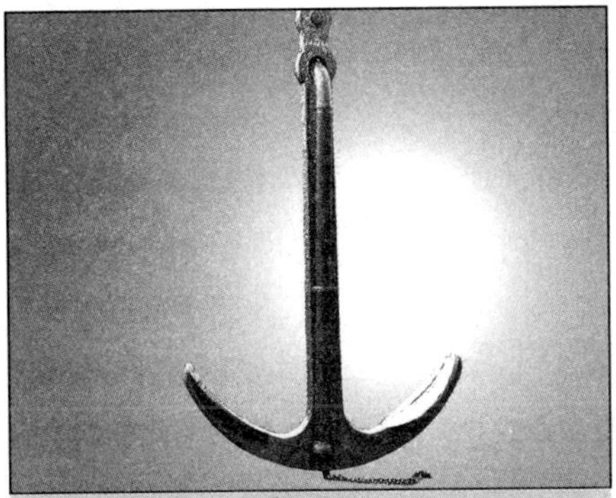

霍尔锚

杆锚，其结构特点是助抓突角宽厚，锚头重心低；其操作特点是入土阻力小，入土性能和稳定性好，抗浪击，容易冲洗干净。其抓力、稳定性等各方面性能均优于霍尔锚和斯贝壳锚，更符合商船对船用锚的多方面性能要求，已在船上广泛应用。

3. 有杆锚

有杆锚也称海军锚。在结构上其锚干和锚爪为一浇铸整体，锚爪固定不会转动，锚爪折角约为35°，在锚干上有一固定或可折的横杆。抛锚时，一爪入土，另一爪向上翘出，横杆促使锚爪顺利抓入土，锚爪入土后横杆起稳定锚的姿态的作用。该类锚的特点是结构简单，抓重比（锚产生的抓力与锚重之比）大，一般为4～8，最大可达12，抓底稳定性较好。但它操作不便，上翘的一爪在船舶旋回时容易缠住锚链，在浅水锚地该爪易刮坏船底；抛起锚作业和收藏不太方便。故这种锚不宜用作商船首锚，仅可作尾锚或备锚。一般多用于小船与帆船。

4. 特种锚

特种锚的形状与普通锚不同，以适应其特殊用途。如浮筒、浮标、灯船和浮船坞等永久性系泊用锚，有螺旋锚、伞形锚、单爪锚以及供破冰船用的冰锚等。

你知道吗

浮标的作用

浮标是浮于水面的一种航标，是锚定在指定位置，用以标示航道范围、指示浅滩、碍航物或表示专门用途的水面助航标志。浮标在航标中数量最多，应用广泛，设置在难以或不宜设立固定航标之处。浮标，其功能是标示航道浅滩或危及航行安全的障碍物。装有灯具的浮标称为灯浮标，在日夜通航水域用于助航。有的浮标还有装雷达应答器、无线电指向标、雾警信号和海洋调查仪器等设备。

第二节 船舶的方向盘——舵设备

舵设备的组成与作用

舵设备是保障船舶操纵性的一种主要设备。船舶在航行中保持航向、改变航向、进行回转运动主要依靠舵来实现。舵设备由舵、转舵装置、舵机、传动装置、控制装置等组成。各部分作用如下：

船舵

(1) 舵通常安装在船尾，承受相对水流的作用，产生转舵力矩使船回转。

(2) 舵机及转舵装置安装在尾尖舱甲板平台上的舵机舱内。舵机为转舵的动力源，通过转舵装置将力矩传递给舵杆，从而带动舵叶转动。

(3) 传动装置使得舵机能够按照控制装置的操舵信号产生相应驱动动作的装置。其形式有机械式、液压式和电动式等。机械式只在小船上还有使用，液压式和电动式在船舶上应用广泛。特别是电动式，因其操作轻便、动作灵敏、不受船体变形和气候的影响，新造船上应用更多。

(4) 控制系统。主要部件安装于驾驶室内，将舵令通过电力或液压控制系统由驾驶室传递给舵机，以控制其动作。其中包括舵角反馈装置。

舵设备的核心——舵机

现代船舶

舵机是指能够按预定要求迅速可靠地将舵叶转到并保持在指定的舵角，以使船舶航行在给定航线上的动力机械。舵机是确保船舶安全航行的重要设备。舵机安装在船尾的舵机舱内，包括转舵的动力和转舵机构。小型船上因转舵力较小，通过人力即可完成，通常不安装舵机。舵机主要应用在大、中型船舶上。

1. 舵机的种类

(1) 手动舵机。手动舵机由于机械损耗大、舵角指示不够准确，只适用于技术要求不高的船。

(2) 蒸汽舵机。蒸汽舵机是以蒸汽为动力来驱动的转舵装置，一般多用在蒸汽机船上。由于蒸汽舵机不会产生火花，有利于防火、防爆，因此在油船上也有采用。蒸汽舵机启动迅速、工作可靠、使用检修容易，但其结构笨重、体积大、管路多、热效率低、振动大，现已逐渐被淘汰。

(3) 气动舵机。气动舵机是以压缩气体来驱动的转舵装置。由于气动舵机响应较快，不会产生火花，有利于防水，舫油、防火、防爆，能量的储藏和传输简单，易于做到体积小、重量轻、机构简单，性能可靠、比功率大，因此在油船上采用较多。气动舵机容易产生低频振荡。

(4) 电动舵机。电动舵机多用于内燃机船。由于电动舵机需要较大的启动力矩和过载能力，因此一般多采用直流电动机为驱动电机。齿扇传动的电动舵机。电动机运转时，须经减速箱减速后带动齿扇，齿扇是套在舵杆上的，它必须通过缓冲弹簧才能推动舵柄，便舵摆动。

电动舵机运行平衡、结构简单、占据空间小，但当舵机功率较大时，往往需要大功率的变流机组，较不方便。

(5) 液压舵机。液压舵机是以液压油为工作介质，能够使船舶转舵并保持舵位的装置。它是根据油液不可压缩性及流量、流向、油压的可控制性，使输入给舵机的动能转化为液压能，再由液压能转化为机械能，从而达到转舵的目的。它与气动舵机和电动舵机相比，具有功

液压舵机

率增益高、转动惯量小、输出力矩大、运行平稳、快速性好、体积小、灵敏度高、控制功率小及承受负载功率大等优点。液压舵机在船舶上应用广泛。

你知道吗

什么是液压传动

液压传动是以液体作为工作介质来传递动力的。液压传动用液体的压力能来传递动力。一个完整的液压系统由五部分组成，即能源装置、执行装置、控制调节装置、辅助装置、液体、液压由于其传动力量大，易于传递及配置，在工业、民用行业应用广泛。液压系统的执行元件液压缸和液压马达的作用是将液体的压力能转换为机械能，而获得需要的直线往复运动或回转运动。

液压舵机包括电液伺服阀、动作筒、信号反馈装置，电液伺服阀是电液转换元件，它能够把微小的电气信号转换成大功率的液压能(流量和压力)输出。动作筒中的活塞在液体工质的作用下发生位移，带动舵按照给定角度偏移。信号反馈装置能够把舵角转换成电信号，反馈回自动操舵系统给定信号端，从而进行误差分析。

(6) 电动－液压舵机。电动－液压舵机是以电力方式来控制舵机驱动油泵中油液的流量、流向和油压，使舵保持或者偏转的装置。它主要由电动机、变量泵和转舵液缸组成。按转舵液缸的结构形式来分，电动－液压舵机有柱塞式和转叶式两大类。它具有转矩大、传动灵敏、动作平稳 、无振动、操作轻快、噪声小、自重轻、外形尺寸小等优点。目前很多船舶都采用电动—液压舵机，尤其在大中型高速船上更为普遍。其不足是制造精度要求高、维修保养也较复杂。

2. 对舵机的要求

①能够产生足够的操纵力，克服作用在舵上的流体动力及各种摩擦力。

②能使舵面产生足够的偏转角和偏转角速度。

③具有较好的快速性。

④体积小、重量轻。

⑤死区小，保证航性品质。

舵设备的骨架——控制系统

操舵装置的控制系统是指将舵令由驾驶室传至操舵装置动力设备之间的一系列设备，由发送器、接收器、液压控制泵及电动机、电动机控制器、管路和电缆组成。目前海船上采用的主要有电力和液压两种操舵装置的控制系统。

1. 电力控制系统

现代海船广泛使用的是电力控制系统。该系统的主要优点是：轻便灵敏、便于遥控和操舵自动化、线路易于布置、不受温度变化和船体变形的影响、工作可靠及维修管理方便。

船舶驾驶室

根据操舵的实际需要，目前采用电力控制系统的海船都可实现自动操舵、随动操舵和应急操舵的功能。其中，海船都应配备随动操舵控制系统和应急操舵系统，而且这两套系统的线路必须独立布置，当一套操舵系统发生故障时，可立即转换使用另一套操舵系统。

(1) 随动操舵系统。系统设有舵角反馈装置，并能进行追随控制的操舵系统称为随动操舵系统。目前，海船上常用的有液压舵机的随动操舵系统和电动舵机的随动操舵系统。

(2) 手柄应急控制系统。该系统是在自动和随动操舵控制装置发生故障时使用。它有独立的电源、操纵开关，手柄或揿钮直接控制执行电机使舵机工作。该系统无反馈装置。

2. 液压控制系统

液压控制系统主要适用于港作船等小型船舶，因其存在很多缺陷，目前海船上也不再采用。它由发送器和受动器组成，发送器装在驾驶台，受动器装在舵机舱，两者之间由充满甘油和水的混合液体的管路连通。

第三节
海难时的救命稻草——救生设备

备受重视的救生设备

救生设备是船上人员在水域救助落水人员或在本船遇难时，供船员和乘客自救而设置在船上的专门设备及其附属物件的总称。救生设备包括救生艇、救生筏、救生浮、救生圈、救生衣等。

救生圈

船舶救生是国际上对保障船上人员生命安全的重要措施之一。1912 年，英国客轮“泰坦尼克”号首航时触冰山而沉没，由于船载救生设备等问题，造成了 1500 余人丧生的重大海难。这引起国际海事组织的高度重视，于 1914 年制定了《国际海上人命安全公约》。公约中对于海船的救生设备等提出了较高的要求，并做出了具体的明文规定。公约要求船舶海上施救的方式和救生设备的性能必须符合有关公约、规范和协议的要求。以后公约几经修订，日益完善。1983 年，国际海事组织通过的修正案中，又对救生设备提出新的要求。据此，我国制定了《海船救生设备规范》，对船舶救生设备的配备、各种救生设备及各种救生设备的技术性能都作了明确的规定。

在各种救生设备上，要求装置灯光、反光材料、音响、烟光信号及无线电通信等设备，这有助于营救人员搜寻目标，从而缩短待救时间。

在海上进行救生时，要充分考虑低温寒冷可能引起的后果。对许多海难事故的调查证实：海上遇险人员很多不是被淹死的而是被冻死的。研究表明，人体浸泡在水中的存活时间与水的温度关系很大。

船舶的备用救生筏

地球上绝大多数地区的水温都可能低于 21℃，所以都必须考虑低温保护，使待救人员不致因体温降低而丧生。封闭式救生艇、气胀式救生筏、保温塑料袋、保温救生服可以不同程度地起到防寒保暖和避免风浪侵袭的作用。

救生设备的组成及定额

1. 救生设备

船舶救生设备是用以救助落水人员或当船舶遇难弃船时搭乘乘员而在船上设置的专用设备及其附件的总称。按规定，救生设备是指符合(救生设备规范)规定的定义范畴：救生艇、救生筏、救生浮具、救生圈、救生衣、救生抛绳器和存放、登乘、降落装置以及登艇梯、救助艇、自然灯、烟火信号、火箭、信号降落伞等，它们都必须符合一定的技术条件和规格要求。一切救生设备应保持随时可用的状态，应能在 243 ~ 338 开 (–30℃ ~ 65℃) 的气温范围内存放而不损坏，在 272 ~ 303 开 (–1℃ ~ 30℃) 的水温范围内正常使用。一切救生设备在有效期内应耐腐蚀，并不因阳光、海水、原油或霉菌的侵袭而影响正常的使用。海船的救生设备，在制造前应将图纸及技术文件提交审查，在制造或装船时需进行检验，并根据船舶的航行区域及船舶类型，吨位大小等，规定有一定的定额配置标准。

2. 救生设备定额

根据航区及船舶的类型，按乘员的总人数，现行 CCS 规范规定了救生艇、救生筏、救生衣、救生圈等等的配置数量比例。

所有船舶上的每人至少应配备一件救生衣，并应配备供值班人员使用和在远置的救生艇筏存放处使用的足够数量的救生衣，航行于近海或沿海的客船至少应配备等于乘客数 5% 的救生设备的组成及其定额。配备适合儿童穿着的救生衣，或为每位儿童配备一件救生衣。建议近海航区的船舶每艘救生艇和救助艇配备 3 件浸水保温救生衣及两件保温用具。

不可不知的救生设备

1. 救生艇及吊艇架

(1) 救生艇。救生艇是船上主要的救生工具。救生艇应有足够的强度和良好的稳性。艇内设有水密空气箱或泡沫塑料浮体以构成储备浮力，保证艇体在载满额定乘员、属具并灌满水时也不致沉没。艇内应备有桨、帆、食品、淡水、药品及信号设备等。

近年研制成功并投放使用的具有自扶正能力的全封闭式救生艇，艇翻转时能自动停车，扶正后能继续运转，能在 -15℃低温下和艇内有一定积水时启动，提高了救生设备在恶劣条件下使用的安全可靠性。

救生艇

(2) 吊艇架。船上用以起卸救生艇或工作艇的专用设备。一般位于船甲板的两边，平时在船舷内，用时伸出舷外，将艇吊起或放下。

吊艇架形式很多，其中转出式吊艇架和摇倒式吊艇架属于手动作业，速度慢、效率低，只适合小船或者内河船。自由抛落式救生艇吊艇架能使救生艇通过滑道自动滑落到水中，也可通过绞车将其吊入到水中或者从水中吊起回收。

重力式吊艇架属于机动型，最大优点是放艇迅速，被海船广泛采用。重力式吊艇架是由斜坡式的底座架和弯曲形的吊艇滑架组成的。底座架固定在甲板上，吊臂的滑轮嵌在底座架上的滑槽内。艇和吊臂都用吊艇索拉住，吊艇索经过导向滑轮引至电动的或压缩空气的起艇机，用起艇机控制吊艇索的收放。这样利用一根吊艇索不但可以收放吊艇滑架，而且可以用来收放救生艇。利用艇的自重，通过艇架机构，使艇迅速而安全地到达舷外。重力式吊艇架按结构可以分为重力式倒臂型和重力式滚动型吊艇架。

2. 救生筏

救生筏是船舶配备用于紧急情况下脱离危险区域或从遇难船舶紧急撤离的救生设施和装备。虽从结构上小于救生艇，但当船舶遇险产生严重纵倾和横倾，救生艇无法吊放时，救生筏仍可以有效地起作用，因此在船上，救生筏与救生艇有着同样重要的地位。现代船舶除了需按全体乘员人数配备齐救生艇外，还按全体乘员人数的25% ~ 50%配备救生筏。救生筏上不配备动力机械，只配备几支小桨。救生筏的载人量因规格不同而异，载4 ~ 45人不等。

救生筏有刚性救生筏和气胀式救生筏两种。刚性救生筏周边有空气箱或硬质泡沫塑料浮力块提供浮力，比较笨重，现已基本被淘汰。气胀式救生筏使用方便、安全可靠、重量轻，收起时体积小，目前应用最为普遍。

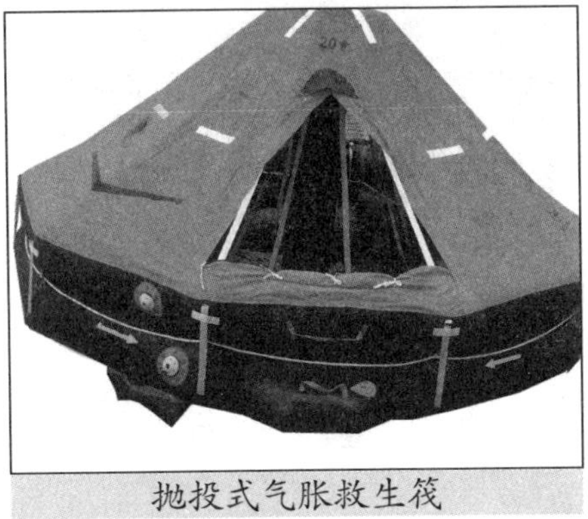

抛投式气胀救生筏

气胀式救生筏的缺点是遇险者只得先跳入大海，然后通过爬软梯才能进入筏内，不适合寒冷地区和较大风浪时的救生，也不适合老弱病残者。为此，又出现了吊放式气胀救生筏。它可以在甲板上充气成型，载满遇难人员后再吊放至水面，它已在客船上广泛使用。近年来，国外还研制成功并已实际投入使用了几种新型的气胀式登筏滑梯，颇受航运界欢迎。

你知道吗

船舶如何躲避台风

台风是船舶航行中最大的“天敌”，也是考验和锻炼驾驶员的关键时刻。通常在船舶航行中驾驶员要仔细观察天气状况，及时接收天气预报，对台风要及早采取避让措施。万一遭遇台风，为了避免卷入台风中心，也应采取应急有效的措施。

船舶突然沉没，有时来不及释放救生艇筏等水上生存设备。所以，救生艇能在船沉之前，有效地脱开沉船并漂浮在水面上是至关重要的。近年来，在船沉前能使救生艇筏自动浮起、自动解脱的装置已经逐步应用到船上。

3. 救生圈

救生圈是供落水人员套于腋下，能在水中提供浮力的环状浮体。它是以泡沫塑料等材料制成的，外面包帆布或塑料，漆上醒目的颜色。救生圈外径不大于 760 毫米，内径不小于 440 毫米，质量不小于 2.5 千克，它能于淡水中支持不小于 14.5 千克的铁块达 24 小时，其强度应保证 10 米高度投入不损坏，不产生永久变形。

救生圈四周应有合成纤维制成的把手索，长度约为救生圈外围的 4 倍。救生圈还配备有自亮浮灯。自亮浮灯有电池式和电石式两种，其亮度应不低于两支烛光，点燃时间不少于 45 分钟。它还带有烟雾信号，用以显示遇险者的位置。

救生圈通常带有烟雾信号释放装置，当救生圈抛出时能自动把烟雾剂点着，在海面上发出橙黄色烟雾，指出救生圈位置。

4. 救生衣

救生衣是供落水者穿着后，在水中能提供浮力以承托落水人员的背心状救生用具。要求救生衣穿在身上具有足够的浮力，使落水者头部能露出水面。船上人员每人均应配有一种救生衣。客船上还应附加船上总人数的 5%。平时存放在明显易见且容易取出的场所。

救生衣的分类方法很多，按制造材料分有浮力材料填充式救生衣和充气式救生衣。浮力材料填充式救生衣采用尼龙布或氯丁橡胶作面料，中间填充浮力材料。充气式救生衣采用强度高防水材料制造而成，两个充气室中任意一个充气时，都应达到所需要的浮力。应该注意的是要绝对避免尖锐物戳穿或磨破防水层，因为救生衣漏气后会造成不堪设想的严重后果。

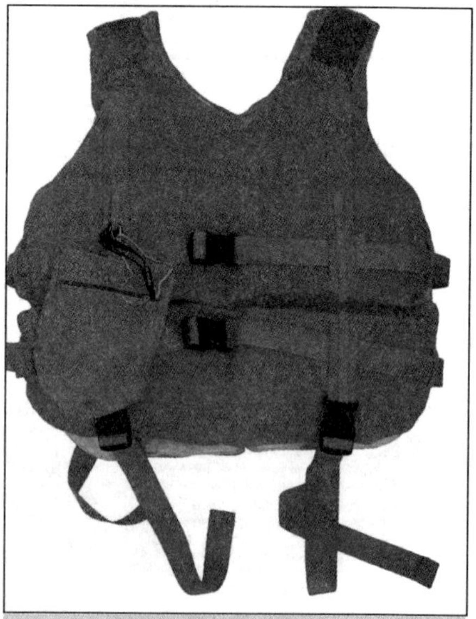

救生衣

救生衣和救生服上根据需要应附加一些属具，如救生衣电池浮灯、救生衣哨笛以及防鲨粉等，供待救人员使用，以便引起救援者的注意，并防御鲨鱼侵袭。

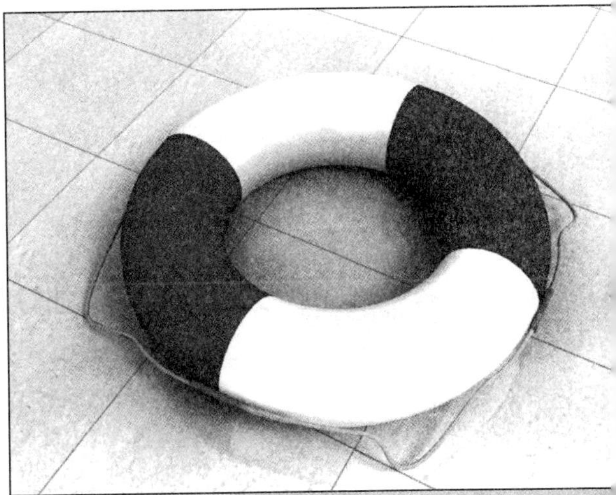
救生圈

5. 救生浮

救生浮是一个用钢质空气箱或泡沫塑料包以帆布、玻璃纤维增强塑料等制成的矩形或椭圆形的浮体。它的外围装设有一圈救生索及若干浮子把手，供落水人员在水面攀扶用；中间设有绳网和木格踏脚板，供体弱的遇难人员登乘用；还备有划桨两支及自亮浮灯等属具，但无食品、淡水。救生浮的乘员定额一般为 6 ~ 20 人。救生浮的重量应不大于180千克。救生浮不储备粮食、淡水，也不设座位，仅在内河或沿海短程船舶上被允许使用。

第四节　船舶的心脏——动力设备

船舶动力装置组成

船舶动力装置主要由推进装置、辅助设备、管路系统、船舶设备、机舱自动化设备等几部分组成。

1. 推进装置

推进装置是保证船舶以一定航速航行的设备，它是船舶动力装置中最重要的部分，影响到整个船舶动力装置的性能，其工作的好坏又直接涉及船舶的正常航行和安全，故在进行设计选型和建造工作中应特别注意。

推进装置主要包括有以下几部分。

(1) 主机。是推进船舶航行的动

汽轮机转子

力机，如蒸汽机、汽轮机、内燃机等。

(2) 船舶推进器。是将船舶主机发出的功率转换为推船运动的推力设备，如螺旋桨和喷水推进器等。

(3) 船舶轴系。用来将主机的功率传递给推进器，从而推动船舶运动。它包括传动轴、轴承和密封件等。

(4) 传动装置。起接通或隔开主机传递给推进器功率的作用，并可达到加速、减速、反向、并车、分车、离合及减震的目的。传动装置包括离合器、减速齿轮箱和联轴器等。

制冷机组

2. 辅助设备

船舶辅助设备是指为船舶提供除推进装置以外的各种能量，以保证船舶航行、作业和生活需要的各种设备。辅助设备包括以下几部分。

(1) 辅助机械。可分为水利机械、气体压送机械等。

(2) 船舶电站。其作用是供给辅助机械及全船所需的电能。它由发电机组、配电板及其他电气设备组成。

(3) 船舶辅助锅炉。供应全船加热、取暖所需的热能，包括辅助锅炉、余热锅炉、蒸汽系统等。

(4) 制冷装置和空调装置。包括制冷机组、冷冻冷藏柜以及空气调节装置和系统等。

3. 管路系统

船舶管路系统是指能够保证船舶生命力及全船乘员正常生活的系统。船舶管路系统按其功能分为动力管路和船舶系统。

4. 船舶设备

船舶设备主要指甲板机械，是指保证船舶航行、停泊及装卸货物所需的设备，包括锚及系船设备、舵设备、吊艇设备、敷设设备、施放设备等。

5. 机舱自动化设备

机舱自动化设备能够保证实现动力装置远距离操纵与集中控制，以改善工作条件、提高工作效率、减少维修工作量等。它主要包括自动控制与调节系统、自动操纵系统及集中监测系统。

船舶动力装置的主要类型

船舶动力装置中的主机和辅机都可以具有不同的形式。通常主机的功率比辅机的功率要大得多，而且推船运动的动力由它产生，因此船舶动力装置的类型一般以主机的结构形式来命名。由于船舶主机的作用在于把燃料燃烧所产生的热能转化为机械能,用以推动船舶运动，所以根据主机使用的燃料，船舶动力装置可分为常规动力和核动力两大类；根据其工作方式特点，可分为蒸汽机、汽轮机、柴油机、燃气轮机和核动力装置等五类。现代运输船舶的主机以柴油机为主，在数量上占绝对优势。

现代运输船舶

你知道吗

什么是核动力

核动力是利用可控核反应来获取能量，从而得到动力、热量和电能。因为核辐射问题和现在人类还只能控制核裂变，所以核能暂时未能得到大规模的利用。利用核反应来获取能量的原理是：当裂变材料（例如铀-235）在受人为控制的条件下发生核裂变时，核能就会以热的形式被释放出来，这些热量会被用来驱动蒸汽机。蒸汽机可以直接提供动力，也可以连接发电机来产生电能。世界各国军队中的大部分潜艇及航空母舰都以核能为动力，同时，核能每年提供人类获得的所有能量中的7%，或人类获得的所有电能中的15.7%。

(1) 蒸汽机动力装置始用于19世纪初，盛行于19世纪末至20世纪初。优点是结构简单、造价低廉、使用方便；缺点是热效率低，重量大，目前几乎全被淘汰。

(2) 汽轮机动力装置始用于19世纪末。优点是单机功率大、使用可靠、运转平稳、无振动和噪声、检修工作量小、锅炉可燃用劣质油；缺点是汽轮机油耗比低速柴油机高

载驳船

40% 左右。目前应用较少，只有某些大型客船、超级油船和高速集装箱船等仍采用汽轮机动力装置。

(3) 柴油机动力装置始用于20世纪初。优点是热效率高、能使用廉价的渣油、可靠性较高、故障率低，热效率接近50%，燃料消耗明显低于蒸汽机动力装置，因此成为目前应用最广的船舶动力装置。

(4) 燃气轮机动力装置始用于20世纪50年代。燃气轮机同柴油机和汽轮机比较，优点是单机功率大、体积小、重量轻、加速性能好，能随时启动并很快发出最大功率。燃气轮机在高温、高压下工作，对燃油质量要求很高，热效率也比柴油机低得多，因此在民用运输船舶上应用不多，仅在某些气垫船上用于驱动空气螺旋桨，目前主要用于军用舰艇。

(5) 核动力装置始用于20世纪50年代。核动力装置功率大，一次装填核燃料可以用上好几年。装备核动力装置的舰船几乎有无限的续航力。所以，核动力装置主要用于大型军舰和潜艇。

不同种类的船舶推进器

船舶推进器是将主机发出的功率转化为推船前进的推力设备。为改善船舶的快速性，除应具有良好的船型以降低航行时的阻力外，还

船桨

必须配以性能良好、效率较高的推进器，这样才能收到较好的效果。

船舶推进器的种类很多，最古老的要算篙了，它可撑船前进。后来又发明了桨和橹，它们一直沿用至今。随后是利用风帆作为推进工具，出现了多种形式的帆船。随着机器在船上的应用，就出现了明轮推进器。明轮是两个巨大的转轮，装在船的两侧或艉部。轮子上装了划板或桨叶，当明轮转动时，划板或桨叶可以划水前进。19 世纪初出现了螺旋桨推进器，几经改进一直沿用至今，这是使用最普遍的推进器。

1. 螺旋桨

螺旋桨俗称车叶，由若干桨叶所组成。桨叶的数目通常为三叶、四叶或五叶，各叶片间相隔的角度相等。

螺旋桨通常装在船的尾部，螺旋桨与艉轴的连接部分称为毂，桨叶就固定在毂上。由船尾向船首看时，所看到的螺旋桨桨叶的一面称为叶面(压力面)，另一面称为叶背(吸力面)。桨叶的外端为叶梢，而与毂的连接处称为叶根。螺旋桨旋转时叶梢的圆形轨迹为梢圆，此圆称为螺旋桨桨盘，直径称为螺旋桨直径，其面积称为盘面积。

螺旋桨正车旋转时，由船尾向船首看所见到的旋转方向为顺时针的称为右旋桨，反之则为左旋桨。双桨船的螺旋桨装在船尾二侧，正常旋转时，若其上部向着船中线转动的称为内旋桨,反之称为外旋桨。

你知道吗

螺旋桨之鼻祖——竹蜻蜓

竹蜻蜓用竹片削成，叶片像螺旋桨，中间插一根竹竿，用力一搓竹竿，叶片就会升起来，远看像一只蜻蜓。竹蜻蜓是我国古代一大发明，在 1400 多年前就有了竹蜻蜓玩具。明朝时竹蜻蜓传到法国，并且在法国科学院进行了表演。由于竹蜻蜓的叶片像陀螺一样能高速旋转，所以当时称它为“中国陀螺”。20 世纪 30 年代，德国人根据“中国螺旋”的形状和原理发明了供直升机上天的螺旋桨。

船舶的螺旋桨

制造螺旋桨的材料有铜合金、铸铁和铸钢等几种。铜合金(如锰青铜和铝青铜)具有强度高、制造加工方便、抗海水腐蚀性能好、表面光滑、螺旋桨效率高等优点，故应用较广。铸铁价格便宜，但强度较低，故多用于小船上。近年来，有用钛合金、不锈钢、玻璃钢等材料来制造螺旋桨的。

2. 特种推进

除广泛应用的普通螺旋桨外，为满足不同船舶的特殊要求，在实践中还创造了其他特种推进器，如导管螺旋桨、可调螺距螺旋桨、串列螺旋桨、对转螺旋桨、直翼推进器、喷水推进等。

(1) 导管螺旋桨。导管螺旋桨又称套筒螺旋桨，它是在普通螺旋桨的外面套上一个截面为机翼形状的圆形套筒(称为导管)，导管的外径一头较大，另一头较小，其最小内径比螺旋桨的直径稍大。导管的作用是造成一个有利于螺旋桨工作的流场。

一般来说，导管螺旋桨的效率比普通螺旋桨要高，这是因为装了导管后可以减少艉流的能量损失，从而提高了导管螺旋桨的效率。实践证明，螺旋桨的载荷愈重，采用导管的收益就愈大，所以对于重载荷的螺旋桨采用导管是十分有利的，故广泛应用于拖船、拖网渔船及大型油船上。导管还有保护螺旋桨的作用。导管固定在船尾的称为固定导管；导管与舵杆固接而能转动的称为转动导管。安装导管的主要缺点是使船舶的倒车性能变差。

(2) 可调螺距螺旋桨。它是指通过装在桨毂内的操纵机构，使桨叶转动而调节螺距的一种螺旋桨。船在航行过程中，可根据需要来调节螺距的大小，从而获得不同大小的推力，以适应不同工况的要求。可

拖船

调螺距桨的主要优点是能在各种装载和风浪下航行时，充分利用主机功率,船舶的操纵性也能得到改善。其缺点是操纵机构复杂,造价较高，而且因为在桨壳内要安装操纵桨叶的转动机构，毂径较大，所以其效率常较普通螺旋桨稍低。可调螺距螺旋桨常用于航行状态多变或机动性要求高的船上，如拖网渔船、港作拖船及扫雷舰等。

(3) 串列螺旋桨。它是将两只普通螺旋桨安装在同一根艉轴上，工作时，两片桨的旋转方向和旋转速度皆相同。对吃水浅、螺旋桨的直径受限制的船舶，采用串列桨有其明显的优点。由于把主机功率分配在两只桨上，所以使每一螺旋桨的载荷都不太大，这对改善推进情况及由螺旋桨引起的艉部振动都是有利的，它适宜于吃水浅而功率大的船舶。串列螺旋桨的缺点是艉轴较长，质量较重，造价也比普通螺旋桨高。

(4) 对转螺旋桨。它又称双反桨，是在两根同心的轴上安装两个转向相反的普通螺旋桨。一般后桨的直径较前桨稍小。采用对转螺旋桨时，由于前后桨的转动方向相反，使得尾流的旋转损失减少，故此效率比普通螺旋桨高。在一定负荷下，对转螺旋桨所需直径较普通螺旋桨小，因此对吃水受限制而不能采用普通螺旋桨的最佳直径时，采用对转螺旋桨有其特殊优点。另外，因为对

码头的船舶

转螺旋桨能产生较为稳定的扭矩平衡，所以能改善船舶的稳定性和操纵性。对转螺旋桨的主要缺点是机构复杂，造价较高，多年来仅用作鱼雷的推进器。

(5) 直叶推进器。它也称平旋推进器，一般由 4 ~ 8 片叶片组成，叶片垂直装在船尾底部都可旋转的圆盘上。叶片在圆盘上是等间距的，圆盘通过主机操纵机构可绕垂直轴旋转。叶片除随圆盘一起转动外，还能自转。直叶推进器的作用原理与螺旋桨相似，只要调节叶片的角度就可获得任意方向的推力。这种推进器的最大优点是转向操纵灵活，不必用舵，效率也较高，因此常用于港口工作船或对操纵性有特殊要求的船舶上。其缺点是机构复杂，造价较高，叶片易损坏。

(6) 喷水推进。它是依靠喷出的水的反作用来产生推力的推进器。它由装在船内的水泵及吸水、喷水管系所组成，水泵自船外吸水并使其加速后，由船尾的喷口喷出，以获得推力，推船前进。喷水推进的优点是推进系统有良好的保护性，操纵性能良好，没有螺旋桨引起的船体尾部的振动，但一般效率较低，故常应用于浅水内河拖船上。近年来，喷水推进技术有进一步的发展，提高了喷水推进的效率，已逐步应用于高速艇上。

第五节　船舶的耳目——导航设备

大航海时代的标志——导航仪器设备

船舶导航设备是船舶对外观察和识别的设备，也是保证船舶准确、安全航行的重要设备，它们主要包括罗兰、自动操舵仪、雷达、陀螺罗经、回声测深仪。取每个设备名称的英文字头，拼成“LARGE”（大），因此有人把现代航海称为“大航海”。

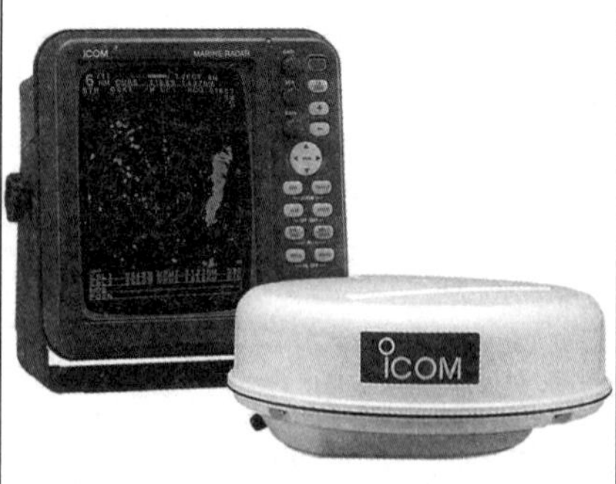

船用雷达

当然，现代导航设备远远超过了这五种。一般来说，航行在国际航线上的船舶，国际海事组织认为必装的有磁罗经、陀螺罗经、雷达、测深仪、无线电测向仪等。其他在实际使用中常用的导航设备有自动操舵仪、计程仪、无线电定位系统、卫星导航接收机、自动避碰装置等。

磁罗经是利用地球磁场取得方位基准，测出船舶航向或目标方位的一种仪器。从构造上分磁罗经有四种，即台式、桌式、移动式和反映式。磁罗经使用时必须进行误差修正。由于误差随时间、地点、航向而变化，所以误差修正比较复杂。但磁罗经有构造简单、不依赖于电源、不易损坏和价格低廉等优点，所以它至今仍然是不可缺少的航海仪器之一。

陀螺罗经是一种以陀螺仪为核

心元件，指示船舶航向的导航设备。它的功用与磁罗经相近，但其精度更高，而且不受地球磁场和铁磁物质的影响，故更适应于现代化船舶的要求，是目前船舶指示航向基准的主要设备。

你知道吗

揭秘航行中指南针失灵现象

当船舶航行到有的海域时，人们会发现一个奇怪的现象：船舶的罗经就像着了魔似的，指针不再指向真正的南北了。这到底是为什么呢？原来，罗盘的指南针是带磁性的，在正常情况下，它受地球的北磁极和南磁极的作用而指向北和南。但是，在有的海区，海底下隐藏着大量的磁铁砂，铁砂就像一块巨大的磁铁一样紧紧吸引着罗盘的指针，使它们发生不同程度的偏转，当然它就肯定不会指向真正的南北了，因此在指南针失灵的地方往往就会有大铁砂。知道这一原理后，指南针失灵现象也就不足为奇了。

舰船在水面或水下航行主要是依靠方向舵和水平舵来控制航向深度的。自动操舵仪能代替舵手操舵，保证舰船自动跟踪指令航向和深度，达到自动保持与改变航向或深度的目的。自动操舵仪不仅可以减轻舵手的劳动，而且远航时，在相同的航行条件下可以减少偏航次数、偏航值和偏舵角，因而可提高实际航速，缩短航程和航行时间，节省燃料，提高航行的经济效益。

回声测深仪的工作原理是利用换能器在水中发出声波，当声波遇到障碍物而反射回换能器时，根据声波往返的时间和所测水域中声波传播的速度，就可以求得障碍物与换能器之间的距离；其主要作用是发现水中障碍物，以保证舰船安全航行。另外，当舰船在沿岸航行时，如果不可能用比较准确的方法来测定船位，则可以利用观测某一物标的方位和根据当时所测得的水深，求出近似船位。回声测深仪除助航外，还可用来进行水底地形的调查，如航道及海图测绘。海洋调查中水深数据都是由精密回声测深仪提供的。

无线电测向仪是最早的一种无

单频回声测深仪

线电导航设备。它以岸上两个以上全方向发射的无线电指向标台或无线电广播台的来波方向，来决定船位，也可用于测定发射无线电波的目标所在方位。无线电测向仪由于其作用距离和定位精度等方面远远不如其他一些无线电导航设备，当前在航海中已退居辅助地位，但其测定无线电发射台方位的能力仍然是独一无二的。

无线电测向定位的原理是无论何种类型的船用无线电测向仪，都必须安装在船舶的首尾线上，并以船首方向作为方位基准，测定发射台的向对方位角,即发射台的舷角。

综合导航系统

“综合”一词可以理解为“把各个部分结合成一个有机整体”。综合导航系统是指通过电子计算机把各种导航设备合理地结合成一个系统。

远洋船舶

在综合导航系统出现以前，要完成这个导航过程，是由驾驶人员根据航海计划、某些导航设备提供的船位和与安全有关的信息，决定航向和航速。也就是说，驾驶人员是闭环系统的一个环节。由于电子计算机及其导航自动化的最终目标是实现船舶的无人驾驶，因此要尽可能地提高系统的自动化程度。

船体是控制对象，自动操舵装置和轮机控制装置是平行的两个执行机构，分别按指令航向和指令航速控制船舶。自动操舵装置和轮机控制装置是实现自动化最早的导航设备，它是一个典型的负反馈自动调节系统。现在已经出现了数控的自动操舵装置，在综合导航系统中可与计算机直接相连。

导航系统中的计算机有两种形式，一种是由中心数字计算机统一处理各种导航信息,算出航向、航速。另一种是由专用计算机和微处理器分别处理各种导航信息，再由专用的导航计算机综合各种经过处理的信息，算出航向、航速。第一种形式要求各种导航设备能适应计算机，而过去的多数导航设备是由人来操作使用的，只考虑到对人的适应性，而且很多设备的输出模拟量要与计算机相连，需要有专门接口设备。另外，有些导航信息处理的优先度以及信息量都不大，而在进出港或窄水域航行时，避碰雷达信息处理的优先度最高，信息量都非常大，推算船位的信息要经常提供，要处理的信息量也很大。这些情况都不利于用中心计算机统一处理。后来，研制出各种供导航信息的子系统，它们是由专用小型计算机或微处理器组成的自动化系统。按他们提供的导航信息，很容易用一台专用的导航计算机进行综合处理，算出航向、航速。这样的子系统主要有船位测定系统、船位推算系统、避碰系统、避触礁系统等。

卫星定位导航系统

随着科学技术的不断进步，利用人造地球卫星进行导航的技术有了飞跃的发展，它在船舶导航中占有重要的地位。这不仅在于全球性、全天候的覆盖，而且在于其较高的定位精度。主要有第一代卫星导航系统——子午仪；第二代卫星导航系统——全球定位系统。

子午仪系统是美国海军导航卫星系统的通称。它研制于1958～1968年，1964年提交军用，1967年开放民用。该系统有五六颗卫星和监测卫星，并定期更新卫星发射信息的跟踪站网。用户观测卫星发射的多普勒频移，确定卫星与船舶之间相对速度，接收卫星发射的数据，精确确定卫星通过的轨道。根据卫星轨道和多普勒频移，得到卫星的距离变化率，从而精确算出接收机的位置。

为克服子午仪系统通常不能定出高度，也不能连续导航，以及定位精度受多普勒测速限制的缺点，

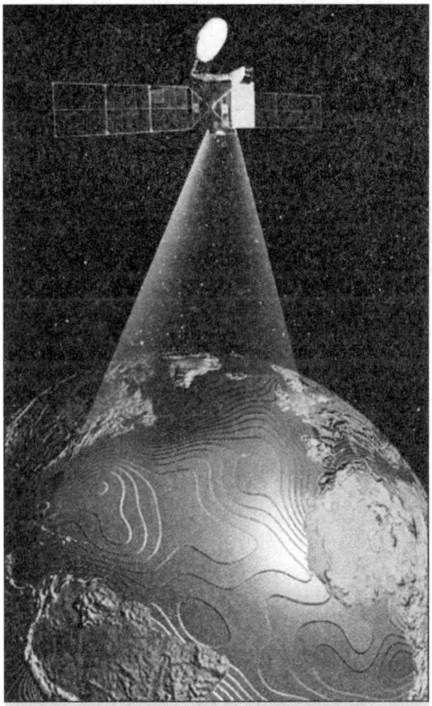
“北斗”导航卫星

20 世纪 60 年代后期，美国又提出了几种新导航系统。直到 1973 年，美国国防部正式批准陆、海、空三军共同研制导航卫星全球定位系统，简称 GPS(Global Positioning System) 历时 20 年，耗资 200 亿美元，于 1994 年全面建成，具有在海、陆、空进行全方位实时三维导航与定位能力的新一代卫星导航与定位系统。该系统与子午仪系统相比，具有以下主要特点：全球连续覆盖；高精度三维定位；实时导航；完成一次定位只需几秒到几十秒；抗干扰能力强；采用伪随机噪声码技术，借助其自相关性强的特性，提高抗干扰能力; 地面控制站全部设在国内。

进入 21 世纪，我国自行研制的“北斗”卫星导航定位系统投入使用。该系统由北斗导航定位卫星、地面控制中心站为主的地面部分、北斗用户终端三部分组成。这标志着我国成为继美国全球卫星定位系统 (GPS) 和苏联全球导航卫星系统 (GLONASS) 后，在世界上第三个建立了完善的卫星导航系统的国家。

你知道吗

认识海事卫星组织

海事卫星组织是一个可以提供全球范围内卫星移动通信的政府间合作机构。它成立于 1979 年，初期主要是为海上用户提供卫星通信服务，现在已发展成为为海陆空用户提供全球卫星移动公众通信和遇险安全通信的业务服务。1979 年，中国政府也加入了国际移动卫星组织。

第四章
源远流长——中国古代船文化

中国船文化历史悠久，文化发达，各地形成了很多独具特色的船文化。船不仅仅是一种物质载体，也是一种重要的精神载体，具有丰富的文化内涵，承载着人们的思想、情感及特定的文化意义，因此船文化是我国十分宝贵的文化遗产。

第一节 多姿多彩的造船习俗

江苏地区造船习俗

江苏地区靠近江海，水网密布，自古以来造船业就十分发达。造船时，船民多结帮结伙，在船舶尺寸与用料方面很讲究，并且具有丰富的寓意。如头船一艘，船长十二丈八尺，意指一年有十二个月、八个节；尾船一艘，长九丈五尺，意指船帮可通航九江五湖；大桅杆高十八丈四尺，意指船帮可航天下十八省(旧制)和四京……船橹称“燕翅”；船板则寓意平安；船钉象征着无灾无难的星斗，谚语云：“船上有根钉，天上有颗星。”

鲁班祖师雕像

> **你知道吗**
>
> **什么是天文导航**
>
> 在茫茫大洋中，巨轮是怎样随时确定船舶所在的位置，又是怎样掌握航向的呢？现在的方法有很多，并且测定的结果也越来越精密，如无线电导航、人造卫星导航等。而现在最基本、最通

用并且也是船员必须掌握的仍是天文导航。作为我国四大发明之一的指南针在很早以前就已被用于航海上了，当然，现代的罗经比起几千年前的罗盘（指南针）要精密得多了。轮船在大海中航行时，就是根据罗经的读数和航行速度，先测定出“推算船位”，然后用六分仪观测天体的高度定位，再进一步测定准确的船位来指导船舶航行，这就是天文导航。

造船时要选择良辰吉日，备好三牲，祭拜鲁班祖师与河伯。开工后，上第一道龙筋时，船主要焚香叩头，并燃放鞭炮；再由掌墨师傅敲“主钉”，其余木匠按统一节奏一起敲钉，俗称“打排斧”；装桅梁时，要在方孔两侧钉“喜钉”，木匠要唱诵生意兴隆、恭喜发财之类的吉祥语；还有一道重要工序称“上金头”，俗称“回龙木”，也就是在船头安装横木，上雕一对龙眼，并钉上元宝钉，上挂一束称为“彩子”的绿布条。龙眼还要“开光”，需用一只大公鸡的血涂抹。渔船下水时，主家还需备好茶、米、面、盐作为供品，并需准备铜板、铜钿、银圆等供掌墨师傅“抛舱”。届时，掌墨师傅一边抛撒钱币，一边唱诵“一把金钱抛进舱，马鲛鳓鱼尽船装；二把金钱抛上梁，金银财宝动斗量……”。同时，点燃鞭炮，船主还要给掌墨师傅送上“红包”慰问。仪式完毕后，船主备好筵席，酬谢众工匠，主客相互庆贺，称“烘灯”。

此外，当船舶竣工时，当地有在船上各部位贴大红对联的习俗，欢欢喜喜，热闹非凡。

广东地区造船习俗

对渔民来说，渔船就是他们的全部家当，既是他们的宅居，又是他们的重要生产工具。在广东湛江沿海一带，制造渔船对当地人来说，如同建造新房屋，因而对舵公十分重视。造船（俗称“钉船”）时要请阴阳先生查验舵公的生辰八字，以

荷塘里原始的小木船

此来确定吉日良辰进行开工、新船下海等。

如果是合伙造船，合伙人要进行一番商议，以确定艄公和头竿人(正副舵手)，并由艄公执理造船事务。合伙的人数也有讲究，以奇数为吉，或五人，或七人，但尤其忌讳八，因为合伙后重要的事情都要听从艄公的安排,而八有八仙过海、各显灵通之意，具有各自为战、散乱无组织的意思，这对共同造船及以后的相处来说都是很忌讳的。

同样，造船时，也要选择与艄公生辰八字相合的吉日，并要举行“祭龙骨”仪式(龙骨即船底的中心方木)。仪式要办得很隆重，届时要请木匠师傅来主持。木匠师傅郑重地安下龙骨后，伙计们便把备好的糕饼、香果等祭品,分别摆于龙骨、首尾和中间，以表示祭祀龙头、龙尾和风坛三个重要部位。一切准备妥当后，木匠师傅一边口念“择日兴工，年年头宗”或“选时选日安槽心，年年赚万金”等吉利语，一边在这三个部位上各弄二虚斧，祷祝顺利开工。当造船工作顺利进行到安龙头盖时，这时要在上面挂红彩布，并用榕青、竹青、棕毛和红头绳等系于龙头盖上,表示有彩头。

银制高髻

造船时亦有不少禁忌，有些带有明显的性别歧视色彩。如新钉的船，孕妇、来月经的妇女是不能上去的,人们认为这类人是不洁净的,她们上了船会给船主带来灾难。如果新船造成后，船主的亲人有生了孩子的，这时就需要进行“旺船”，船主要亲自抓来一只红公鸡，用牙咬鸡冠，把鸡冠血滴到船头、船尾，用来辟邪。

与湛江一样，在广东汕头南澳一带，渔民在建造新船前，也要查验船主的生辰八字来选择开工的好日子。有意思的是，早年南澳地区在安龙骨之际，不用祭品而是用主妇头上戴的银制高髻(插上金红绫)放在龙骨上，俗称“压槽母”。等木匠师傅对船体打上墨绳之后才将高髻收回家，象征新船出海年年有好运的意思。用银制高髻“压槽母”的习俗现在已经消失了，渔民现在更多改用红布、五色金丝线、榕、竹。

漆船所用的桐油

新船下水之前，在船边当地也有一番祭拜仪式，但祭拜的物品却是饭菜、炒面、纸钱等。新船下水后，则更隆重，渔民在用猪头、大果祭拜船头公之后，还要焚烧银锭、纸钱，祭拜完毕，再燃放鞭炮，然后才可以进行试船。

山东地区造船习俗

旧时，在黄河下游的山东地区，造船行业形成了一些繁杂的习俗。在这一带没有专门的造船作坊，但有专门的木匠。造船（当地俗称“排船”）过程中仪式繁多，每个环节船主都必须十分谨慎细致。船主首先要请木匠师傅来家“看料”，船主要讲明自己关于排船的设想，如船的长度、形制、用途等。“看料”后双方心里都有了一个谱，接下来就得敲定排船的具体事务了。这时船主要请木匠师傅到家，备好酒饭，具体商讨排船的事务，诸如造船地点、时间、报酬、工期及相关要求，也就是说双方要定下一个口头协议，在商谈妥当以后，主家热情款待木匠师傅，俗称“喝酒”。

木工的活完毕，接下来要请捻匠来捻船。捻船，别称是“灌印子”或“打排斧”。捻匠的工作，就是用油灰和麻捻将船板之间的缝隙全部堵塞严实，再用桐油将船体整体油漆一遍，以防止船舶漏水、渗水，并且起到防腐耐用的功效。这虽然是一项查漏补缺的工作，但也是非常重要的一项工作，因为在江海船舶上的任何一点失误都会导致重大灾难。

捻匠进行的第一项活动就是用捻凿、钩镰等工具清理新船上所有板缝，仔细查验，包括船板上的虫眼，亦要用凿子清理，以便有利于下一步工作，这一过程俗称“溜缝”。“溜缝”完毕，接下来就是“下麻”，简单地说，就是把板缝填充牢实。“下麻”用的原料是油灰和麻丝。油灰是用桐油和石灰面调和而成的，麻丝就是剁碎了的旧麻绳丝絮。这两种物质都具有较强的防腐蚀性、防水性、耐浸泡，而且有较强的黏性，不易脱落。“下麻”前要给捻匠头送红纸包的礼金，俗称“下麻礼”。并给众捻匠的斧头把上拴上一绺红布条，称为“挂红”。“挂红”后，船主要备酒席宴请众捻匠，正式开工。按规矩，无论多少人，捻匠工作时工具的铿锵之声必须一致。这时在船舶周围可以听到斧起凿落，声音起落有致，非常协调，也可以看到红布飘飞，上下翻转，十分气派。

船舶由内到外，全部捻完后再刷两遍漆就可以下水了。新船下水时要在船头挂上67厘米长的两块红布，这叫作“挂红子”。船主则在一旁烧香、叩头，并再次宰杀一只大公鸡，用公鸡血滴在船前的迎风板上。接着就是燃放鞭炮。最后，船主备好丰盛筵席，宴请前来祝贺的亲朋。好友，捻匠及木匠众人，主客笑脸相迎，觥筹交错，这最后一次的庆祝酒席，当地称为“请老师”。

第二节　历史悠久的船饰习俗

彩绘习俗

我国船舶彩绘习俗由来已久，最初的船舶彩绘只是出于行船的安全考虑。船舶在海洋或江河上行驶，突然遭遇大风大浪，人们便以为是水中的妖魔、龙或其他的怪兽在作怪。为了求得航行的安全，降服这些作怪的灵物或怪兽，人们便在船首、船尾及整个船体画上各种更凶猛的飞禽走兽，这样船舶彩绘习俗便产生了。最早的这种镇船所用的船饰图案叫“鹢鸟”。它是民间传说中的水上神鸟，水妖浪怪均惧之，甚至连龙见到它也十分害怕。因而其形象或者眼睛常被绘于船首尾，以图吉利。除鹢鸟作船饰外，船体彩绘常用的猛兽有虎、鹰、狮、龙、麒麟等。这些灵兽既可镇祟辟，又可降福呈祥，凶猛而具有威慑力，因而也是船舶常见的彩绘题材。

也许是爱屋及乌的缘故吧，有趣的是，在浙江舟山地区连海泥鳅鱼也成了广受欢迎的船舶彩绘题材。海泥鳅鱼，本来是一种很不起眼的小鱼，又黑又丑，但在民间画师的画笔下，地位神圣而显赫，转变成一种似龙非龙、似鱼非鱼的海中神鱼，渔民尊称它“龙外甥”或“鱼

船舶

龙”。关于海泥鳅鱼民间有一个传说，海泥鳅鱼虽长相丑陋，但来历不凡，它是东海龙女采食了爱慕她的敲更鱼变的海树花所生。因为是自己的外孙，东海龙王于是便封海泥鳅鱼为鱼中之王，统辖东海各类鱼虾蟹类。慑于海泥鳅鱼为龙王外孙，各种鱼虾蟹见到它都自动退避，即使是凶横的鲨鱼，也不得不退让三分。因此，渔民敬海泥鳅鱼为鱼龙，在渔船尾部画上海泥鳅，并配上佛莲花，以镇伏海中妖魔，保佑渔民平安。

在浙江、福建一带，渔船尾部船舷两侧还有一种类似海泥鳅鱼的神鱼。长相凶猛，全身通红，翘首生须，眼睛乌黑，颈带白练。有的人说是神鱼，有的说是泥鳅。关于它的传说，民间有三种不同说法。一说它是叫“猛”的神鱼。专门钻进鲨鱼肚子吃鲨鱼，故而令鲨鱼望而畏逃，渔民便把它的形象绘制在船尾两边，以震慑鲨鱼。二说它是弹涂鱼。它知恩图报，在大风浪中拯救了恩人的生命，故人们绘制其图像能确保在淫风恶浪中安然无恙。三说它是泥鳅。泥鳅是鱼类喜食之物，因而绘制泥鳅可以引诱鱼群，使人们在捕鱼时大获丰收。

此外，花纹、花草、禽鸟、阴阳鱼等都是船舶彩绘的重要题材。随着社会的发展，船饰的功能不断由镇船驱邪向吉祥娱乐转化，各种神话传说、佛经故事、英雄人物等也加入船饰题材的行列，如“足踏莲台观世音”、“八仙过海”、“鳌鱼驮岛栖海图”、孙悟空等神话故事；有关云长、武松、赵子龙、岳飞等古代英雄人物形象，还有江苏沙飞船上的“吉祥如意”、“日出东升”等彩绘画，题材可谓是五彩缤纷，内容丰富多样，充满了浓郁的民俗气息。

船舶装饰题材——八仙过海

船旗与联

船旗俗称“定风旗”、“鳌鱼旗”。古代船舶的旗帜名称不一，五颜六色，形状多变，有四方旗、帅旗、旌旗等。船旗不仅有美化船舶的作用,而且可以强化船舶的独特氛围。在巨型战船上,兵甲森然,旗帜猎猎，可以更壮军威。船旗的使用，在水战阵法上也十分有用。据史料记载，明代抗倭名将行军布阵时就很注重应用船旗。先从主将到队长各级军官都有相互区别的令旗，且各类旗帜旗面、旗形各异，级别越高旗越大，旗帜悬挂得也越高。五方旗的朱雀旗、玄武旗、青龙旗、白虎旗，按前后左右次序排列，重要的中军旗采用腾蛇旗。另外还设五方神旗，东方温元帅，西方马元帅，南方关元帅，北方赵元帅，中央王灵官，五方各配一面尾(幡)，称为“五方高照”。黄旗为中营中军所用，旗的主色调又有五种，即前红、左蓝、右白、后黑和中黄。整个船旗阵法灵活多变，旗帜各异，色彩缤纷，十分威严。

直到今天，我国一些地区还有插船旗的习俗。如在福建一带，有“举鬃悬旗”的习俗。为了奖励渔民多捕鱼，每年冬春汛散海(歇季)后，渔民都要根据捕鱼产量的高低授予红色三角形的“蜈蚣旗”。区别名次主要看旗帜上波浪形的镶边，镶黄边为头名，镶绿边为第二名，镶白边或蓝边为第三名。旗帜上还配有同镶边一样颜色的长丝绦。把获奖的旗帜插在船头上，福建方言称为“举鬃”。获奖名额根据人数而定，最多可评定十五名。第一名被称为“头鬃”，第二名被称为“二鬃”，第三名被称为“三鬃”，以此类推。等这些旗帜都悬挂于船舶上，旗帜飘飞，获奖渔民兴高采烈，这样一种习俗称为“举鬃悬旗”。在浙江坎门，还有一种在桅顶上飘飞的风向旗，被当地人称为“鸦旗”。该旗长约1米，前半部分为木雕凤凰头，后半部分为红布，用竹篾连接两部分预报天气并用铁棒贯穿凤头于桅杆上。当地有一个乌鸦知恩图报的传说，渔民认为乌鸦心肠好，具有提前预报凶兆的能力，故而被渔民奉为神灵，后来从艺术审美角度考虑，桅顶乌鸦头改为凤凰头。在舟山地区，在船尾都装有船旗杆，供升旗所用。每艘船舶一般都备有一面四方形彩旗，旗帜上一般绣龙，旗上常写有“顺风得利”、“四海平安”等吉利的彩头。旗帜材料一般为布料和绸缎。在特殊的日子，如鱼汛“开洋”前或“谢洋”后，渔民一般都要去普陀寺或附近寺庙，求得一面印有“佛”字的杏黄旗，虔诚地悬挂于船尾旗杆上。这种习俗表达了民众祈求佛祖保佑渔民海上平安，捕鱼顺利的美好心愿。

你知道吗

渔民的保护神——妈祖娘娘

妈祖，又称天妃、天后、天上圣母、娘妈，是历代船工、海员、旅客、商人和渔民共同信奉的神祇。古代在海上航行经常受到风浪的袭击而船沉人亡，船员的安全成为航海者的主要问题，他们把希望寄托于神灵的保佑。在船舶起航前要先祭天妃，祈求保佑顺风和安全，在船舶上还立天妃神位供奉。

雕饰习俗

随着造船业的发展，对船饰的艺术追求不断增长，船舶雕饰因而成为更为常见的船饰艺术。雕刻是立体、多层次的，加上光影的变化使其比起平面的彩绘有更强的表现力，故而在船舶装饰中最为普遍。最早的船舶雕饰物算是1977年浙江余姚河姆渡遗址出土的距今约7000年的一把雕花木桨，该桨柄和桨叶由同一块木料支撑，约长63厘米，宽12.2厘米，厚2.1厘米。该木桨做工精细，在桨柄和桨叶结合处雕刻有弦纹和斜线纹图案。

从文献记载来看，船舶的雕饰也愈趋精美。公元222年，魏将曹休准备进攻吴国新市，见吴将贺齐军营兵甲器械极为精好，所乘船舶雕镂彩绘，精美绝伦，武器充足，故而不敢妄动，只得引军而还。东晋顾恺之的《洛神赋图》，所绘双体画舫，两条船身并列，艏有船亭，中间彩亭四个翼角飞翘，亭顶雕刻一条金龙，腾挪欲飞，横梁、甲板、亭柱、楼台等都装饰得富丽堂皇。船上重楼高阁，精雕细刻，极尽华美。而雕饰最为精美的船舶莫过于隋炀帝所乘坐的龙舟了，人称“凤阁龙楼”。北宋张择端所绘《金明池争标图》中的龙船，也可说是船舶雕饰的典范。该龙舟高大威猛，艏艉高翘，船身为龙形，龙头、龙尾造型逼真，栩栩如生。整个船体规模宏大，巍峨壮观，船体上层宫殿，雕梁画栋，采用了大量宫廷彩绘，装饰华美。

另外有一种特别的装饰部件——船眼睛，一般雕饰在船艏两侧，给船舶增加了不少威猛与灵异之气，这在东南沿海一带的船舶上比较常见。安船眼睛，是一项古老而有趣的风俗，它包括“定彩”、“封眼”、“启眼”三个程序。当新船的船壳打好后，首先要举行一个颇为隆重的“定彩”仪式，请风水先生挑选吉日良辰，按金、木、水、火、土五行分别在钉船眼睛的银钉上拴系五色丝线。船眼睛由樟木雕刻而成，呈半球形，眼珠微凸，中间漆成黑色，周围漆成白色，由船主把它们嵌钉在船头两侧。眼珠的视线也有讲究，一律朝下，远远望去，乌溜溜的眼珠正聚精会神地注视着海面。当船主将船眼钉好后，还要用簇新的红布条或红纸将其覆盖，俗称“封眼”。当新船下海时，在锣鼓喧天、鞭炮齐鸣声中，船主要摆上供品，祭拜河伯，再亲自揭去红布，称为“启眼”。于是，新船上的这对眼睛就具有灵性了，恰似一对圆睁的龙眼，探明鱼群暗礁，为渔民引航，震慑海域妖魔鬼怪，吓退海妖进犯，保丰收求太平。

龙舟

你知道吗

古代船舶上为什么有“眼睛”

早期的航海者把船舶看成一种生物，他们赋予船舶和他们身躯内有着同样生命力的“灵魂”。为了使人们相信船舶“灵魂”的存在，航海者要在船头画上“眼睛”。有时也作为代表主宰海洋诸神的一种符号，表示它指引船舶和海员平安驰越大海，顺利返航。传说中船头的“眼睛”还具有保护船舶安全的神奇效力。它能够“看见”和“警戒”前方将要出现的所有危险和灾难。如今，这种画“眼睛”的风俗仍然可在地中海西西里岛、塞浦路斯、葡萄牙、西班牙和希腊一些岛屿的小船上见到，但现在已摆脱了迷信成分，仅仅是一种装饰，为的是取悦船主，美化小船，而不是庇护船舶和保佑船员躲避灾难了。

第三节 名人的船舶情结

汉武帝与楼船

汉武帝继位时，西汉国力日盛，为了长远解决匈奴威胁问题，他筹划了一个雄伟的作战计划：一是向北正面进攻匈奴；二是通使西域，切断匈奴的右臂；三是东伐朝鲜，切断匈奴的左臂。

汉武帝画像

为了通使西域，打通进入昆明的道路，公元前120年，汉武帝下令在长安的西郊修凿方圆四十里的昆明池，操练水军，积极备战。当时建造了一种外观似楼的战船，称为楼船。据《史记》记载，楼船高30多米，分三层，第一层称为庐，即房屋意；第二层因高居于上，故称为飞庐；第三层因从里面候望如警觉的鸟雀，故称为雀室，是船上的望台。庐、飞庐和雀室这三层每层都设有防御敌人弓箭矢石进攻的女墙，女墙上还开有射击的窗口。为了防御敌人的刀枪火攻，有时船上还蒙上皮革等物。楼船上设备齐全，兵戈林立，战旗猎猎，威武雄壮。又据《太平御览》记载，汉武帝时打造的豫章大船，“可载万人，舡上起宫室”。一船可载万人，显然是夸张，但亦可从中推测当时楼船的高大巍峨及造船技术的发达。操练时，昆明池中有近百艘高大的楼船。作战时，舰队配备有各种作战船只。位于最前列的战船叫“先登”；还有狭而长的冲击敌船的战船“艨艟”；有又轻又快如奔马的赤色快船叫“赤马”……还有主力战舰露栈、冒突、戈船等。西汉的水师主要基地有豫章、浔阳、庐江、会稽、句章、博昌等处。重要的造船基地设在庐江、会稽等郡。

公元前109年，汉武帝在进行精心准备之后，终于战败滇王，设立益州郡，并赐其金印。这一军事行动，具有重要的意义，对滇国的历史产生了深远的影响，使西南民族地区正式纳入了中央王朝的统治范围。

公元前110年至公元前89年，为了求见神仙求取不老之术，汉武帝前后七次率领大规模船队巡海。

汉武帝时期，南征昆明、西征朝鲜的成功及七次巡海的实现与其建造了强盛的水军船队是分不开的。虽然这些行动耗费了国库大量的钱财，给人民带来了沉重的负担，但另一方面也反映了汉武帝时期国力的强盛、用船舰装备的水军部队的强大。

徐寿与“黄鹄”号

徐寿(1818–1884)，江苏无锡人，著名科学家，中国近代科学家，我国第一艘轮船的制造者。徐寿年幼时就勤奋好学、聪慧过人，先受“四书五经”的传统教育，后逐步扩大视野，精研西方自然科学，吸收西方先进科技知识，研读各种西方科技著作。

1862年初，徐寿父子同往安庆湘军大营，参与筹建安庆军械所。1863年10月，他们协同华衡芳等制造出了一艘木质暗轮(螺旋桨推进)的小轮船。稍后，徐寿对小火轮蒸汽动力的供应做了改进，两小时可航行25千米。之后，曾国藩做出批示“试造此船，将以此放大，续造多只”。

“黄鹄”号火轮

1864 年 9 月，徐寿父子随同军械所由安庆迁往金陵。

1865 年 4 月，经过反复实验，徐寿父子、华衡芳等人终于制造出了一艘明轮式蒸汽机轮船“黄鹄”号。该船长 18 米多，载重 25 吨，排水量 45 吨，航速 7 节。“黄鹄”号动力采用高压蒸汽机，双联卧式蒸汽往复机，单式汽缸，锅炉为苏格兰式回烟烟管汽锅。该船试航于扬子江，在不到 14 小时内逆流行驶了 112.5 千米，时速约 8 千米；而返回时顺流仅用了 8 小时，时速约 14 千米。曾国藩长子曾纪泽对轮船的性能十分为满意，于是将轮船命名为“黄鹄”号。“黄鹄”是中国自行设计建造的第一艘蒸汽机轮船，虽然航速、载重量、排水量等与当时西方大型轮船相比还很落后，但在当时我国技术设备及其困难的条件下，他们凭借最原始的手工劳动制造出各种零部件，是非常不容易的。因而，“黄鹄”的试航成功具有重大的意义，它是近代中国的一次伟大科学实践，揭开了中国近代船舶工业发展的帷幕。

江南制造总局成立后，徐寿父子和华衡芳等也调到该局任事。1868 年 8 月，徐寿等人建造出中国第一艘明轮兵船。此船在大小、航速及建造周期上都较“黄鹄”号有显著提高。曾国藩亲自命名为“恬吉”号，后来为了避光绪皇帝载湉的名讳，改为“惠吉”。此后，又陆续建造了“操江”、“测海”、“威靖”、“海安”等暗轮兵船。

徐寿父子、华衡芳等人的苦心钻研，独立设计制造成功我国第一艘以蒸汽为动力的轮船，同时也培养和锻炼了一批具有西方科技理论与实践操作能力的科学家，为我国近代造船业的发展做出了卓越的贡献。

郑和与宝船

郑和 (1371–1433)，本姓马，小字三保，云南昆阳(今昆明市晋宁县)人，中亚布哈拉国王穆罕默德的后裔。他从小就聪明伶俐、才智过人，10 岁时，被掳入明营。在靖难之变中，为燕王朱棣立下战功。后来被赐郑姓，改名为和，任为内官监太监，官至四品。1431 年，又被钦封为三保太监。郑和深受明成祖的宠幸，在 35 岁时便被委以率领庞大船队出使西洋的重任。

郑和下西洋是我国古代航海史上最为辉煌的一页，人数之多，船舰之强，堪称世界之最。据史料记载，郑和出使每次拥有 100 ~ 200 艘大小船舶，最多一次有船208艘。船队的主体船舶为宝船、马船、粮船、坐船和战船五类海船，相当于现代意义设备齐全的“混合舰队”。

船队的船舶按其大小和作用大致可分为五个等级。宝船是船队中最大的船，是船队的核心，也叫“帅船”，按现在的度量单位衡量，长达138米，宽56米，树9桅，张12帆。宝船船首镶嵌着中华民族神圣的龙目，船尾雕刻龙凤呈祥等图饰，船体巍然，恢宏壮观。宝船在上海崇明岛制造，又叫沙船，是我国古代优良的船型之一。宝船主要用于使团领导成员和外国使节乘坐，以及装载彼此互赠的礼物和交易的货物。

郑和雕像

你知道吗

郑和航海图

《郑和航海图》得以传世，多亏明代晚期作者茅元仪收录在《武备志》中。原图呈一字形长卷，收入《武备志》时改为书本式，自右而左，有图20页，共40幅，最后附“过洋牵星图”2幅。海图中记载了530多个地名，其中外域地名有300个，最远的东非海岸有16个。标出了城市、岛屿、航海标志、滩、礁、山脉和航路等。其中明确标明南沙群岛（万生石塘屿）、西沙群岛（石塘）、中沙群岛（石星石塘）。1947年民国政府内政部以郑和等命名南海诸岛礁，以纪念这位伟大的航海家。

马船，是快速的运输船，主要是保障2.7万多人的生活和作战需要，长123米，宽50米，立8桅，并能用于作战。

粮船，装载粮食和副食品，保证整个船队供给。长93米，宽40米，立7桅。

坐船，是士兵所乘坐的船。长80米，宽31米，立5桅。

郑和宝船

战船，装载船队的护航兵力。长60米，宽23米，它有5桅，吨位小，机动灵活，配有火器和战斗人员，保障整个船队航行安全。

郑和船队除了先进的航海技术和后勤保障之外，船上配有交通艇、音响信号、旗帜等装备，保证对整个船队进行有效及时的指挥和调度。

郑和下西洋所率领的船队，规模之盛，世所罕见，这也是和当时造船业发达分不开的。明代的官办著名造船厂，如明珠船厂、龙江船厂、清江船厂等规模宏大，技术先进，分工细致，还附设有帆篷作坊、缆索作坊和铁铸作坊等，形成了较为完备的造船业体系。

从1405～1433年，郑和率领他庞大的船队七次下西洋，加强了明王朝与沿途国家的交往和联系，促进了中外政治、经济和科学文化的交流，为世界文化的发展做出了重大贡献。郑和及其船队之所以能够做到这些，除了其自身具备的智慧与勇猛等个人因素以外，决定性的因素还是当时明王朝具备强大的国力及先进的造船业、航海技术。

第五章
精彩纷呈的民用船舶

当今船舶的用途绝不仅限于运输，不论是在科学调查、探测和研究领域，还是工程建设、环境保护、渔业和石油开发等领域，都有现代化民用船舶的影子。即使是运输船舶，也因运输对象的不同和装卸方式的差异，派生出形态功能各异的船舶，从而构成了专业化的民用船舶大家族。

第一节　海上班车——客船

海上旅馆——豪华邮轮

邮轮在国外已经有 100 多年的历史。邮轮本来是邮政部门专用的运输邮件的交通工具，同时也担任运送旅客的任务，但一般的邮轮都带有游览性质，尤其是那些豪华邮轮，就像一个海上旅馆，乘客们能尽情享受旅行的乐趣。邮轮上不仅配备了舒适的生活设施，而且还设

“泰坦尼克”号邮轮

有游泳池、歌舞厅、电影院、布置豪华的餐厅、富丽堂皇的休息室，甚至还有小型的体育场馆等。从严格的意义上讲，豪华邮轮就等于游轮。

历史上出现过许多著名的邮轮，如“威廉大帝”号、“卢西塔尼亚”号、“不列颠尼克”号、“祖国”号、“国三”号、“伊丽莎白女王二世”号等。人们所熟知的“泰坦尼克”号也是邮轮。

20世纪初，空中交通还不发达，东方国家尤其如此，东方人要想到西方去,邮轮就成了第一选择。1932年，上海码头人声鼎沸，欢呼的人群簇拥着参加第10届奥林匹克运动会的体育代表，登上前往美国的“威尔逊总统”号邮轮。这是中国人第一次站在世界奥林匹克的舞台上，而肩负这一历史使命的只有一名运动员，他就是刘长春。有很多中国现当代的名人，比如当年李小龙告别了生活多年的香港，奔赴美国，乘坐的就是“威尔逊总统”号邮轮。

著名的邮轮都属于著名的邮轮航运公司，如“卢西塔尼亚”号曾属于英国的卡纳德航运公司，“泰坦尼克”号、“不列颠尼克”号曾属于白星航运公司。随着时代的变迁，飞机这种交通工具日益完善，人们更喜欢这种快速舒适的旅行方式，邮轮逐渐退出了历史舞台，那些邮轮航运公司大多演变成了游轮公司。

“伊丽莎白女王二世”号邮轮建造于20世纪60年代末，运营至今已有相当长的历史。根据国际公约的严格规定，邮轮超过一定年限就不准在国际航线上经营了，因此“伊丽莎白女王二世”号成了目前国际航线上仍在运营的最古老的邮轮。

作为世界上运营时间最长的古典邮轮，“伊丽莎白女王二世”号接待过许多世界级名人。1967年，伊丽莎白二世女王亲自为它主持了

“伊丽莎白女王二世”号邮轮

下水仪式。1968年，它接待了第一位贵宾——查尔斯王储。此后，它还多次接待过英国、约旦、日本等国的国王或王室成员，南非前总统曼德拉和美国总统小布什等政要，也曾随船旅行过。

“伊丽莎白女王二世”号邮轮出身“豪门”，由全球最大的邮轮经营集团美国嘉年华公司旗下的英国丘纳德航运公司经营。尽管经历了几十年的风吹浪打，从造型上来说它仍是世界造船业的经典之作。它拥有世界上迄今为止最大的航海马达，还是目前世界上航速最快的邮轮，曾荣膺“世界上最大的邮轮”和“最好的跨大西洋邮轮”称号。这艘邮轮全长293.52米，有近三个足球场那么长，“身高”达54米，相当于18层楼。邮轮上有950间套房，其中海景房多达670多套，至于游泳池、高尔夫球场、图书馆、剧院等娱乐、休闲场所，那更是一应俱全。

“伊丽莎白女王二世”号邮轮

乘坐这样一艘豪华邮轮，费用自然少不了。以香港到迪拜19天的航程为例，最贵的舱位所需费用高达4.3万多美元，最便宜的舱位也需4400多美元。

海上行宫——游艇

游艇素有“海上行宫”之称，在西方它是上流社会地位和身份的标志。玩私家游艇、开私家飞机和圈岛屿当“岛主”，已经成为当代富豪们乐此不疲的新游戏。

世界上最早的游艇诞生于300多年前的英国。1660年，英国查理二世复辟王位，有人给他献上一艘狩猎用船，名叫“YACHT”。在此之前，船只都是为了实用而制造的。“YACHT”出现后，才有了供人游乐的帆船，因此可以说它就是游艇的祖先，查理二世顺理成章地成为游艇一族的始祖。

到了18世纪，英国及欧洲的王公富豪竞相以游艇来夸耀自己的富有和地位，并且蔚然成风。据说，英王爱德华八世与沃丽斯·辛普森的浪漫故事，就开始于一艘蒸汽机游艇之上。多年以后，戴安娜王妃正是在那艘著名的“爱之船”游艇上，与她的情人法耶兹在甲板上共进烛光晚餐，度过了他们车祸前的最后时光。

如果你要想见识世界上那些最豪华的游艇，最好的机会是每年法国戛纳电影节开幕和蒙特卡洛大奖赛事陆续隆重登场的时候。那时候，众多的巨型豪华游艇在加勒比海的棕榈滩度过冬天后，纷纷动身横跨大西洋，围聚在法国南部的蔚蓝海岸。他们的主人则乘着各种私人飞机同时到达，与他们的游艇度过一段时光。

小型游艇

毫无疑问，游艇并不是大富翁的专利，有些收入颇丰的中产阶级也可以拥有私人游艇，还有些人养不起私人游艇，却不妨碍他们在节假日租上一条游艇，或全家出游，或招待亲朋好友同游。不过，与目前世界上排行前十位的豪华私人游艇比起来，一般人乘坐的游艇实在是太寒酸了。

与比尔·盖茨一起创立微软的保罗·艾伦拥有的“章鱼”号游艇，长达 126 米，据说造价超过 2.5 亿

大型豪华游艇

美元。游艇上设有两块直升机停机坪、一个游泳池、一个棒球场、一所医院、一个车库和一座电影院。游艇上配备了60名船员，其中有退役的美国海军海豹突击队的成员。

甲骨文公司的CEO拉里·埃利森拥有的是超级游艇“旭日”号，它比“章鱼”号还长14.3米，刷新了游艇长度的纪录。世界上第一个10亿美元富翁摩根所拥有的“海盗”Ⅲ号游艇长91.5米，配有70名船员，曾是20世纪90年代初世界上最大的私人游艇。当有人向摩根打听这艘游艇的造价时，他自豪地说：“别问了，你肯定养不起它。”

俄罗斯石油巨头罗曼·阿布拉莫维奇总共拥有4艘超级游艇，其中一艘长23.8米，价值1亿美元，它装备有防弹玻璃、导弹探测系统、2架直升机、一艘潜水艇，还有高强度的可使底片过度曝光作废的“防狗仔灯”。

沙特阿拉伯亿万富翁纳赛尔·阿·拉什迪博士的“莫拉女士”号游艇上仅工作人员就有60名，游艇上设有设备齐全的医院，一张18米长的餐桌，游艇甲板上铺设着人工沙滩。

美国汽车巨头霍勒斯·道奇拥有的一艘1921年出厂的“德尔芬”号游艇，第二次世界大战期间，罗斯福、丘吉尔和苏联外长莫洛托夫

超豪华游艇

曾在这艘游艇上会过面，如今它的日租金已超过6万美元。

你知道吗

独特的双体游艇

双体游艇有较大的起居室，宽阔的上层甲板空间，适合于招待亲朋好友同游，但也由于双船体的先天限制，在下层船体部位要配置较大空间的住舱不大可能。仅能布置数间狭窄舱房，这个是它最大的缺点。还有由于它船宽比一般当体船要大，因此所需停泊的码头要占较多空间，停船位较难得到，停泊费也因此较贵，所以双体船在市场上较不普通。

新西兰电信大亨艾伦·吉布斯的游艇“巨兽”号造价4000万美元，长59米，一个夏天仅燃料就需要8万美元。这艘游艇随时待命，只要吉布斯一声号令，立刻就可以起航，同时还有直升机、交通艇、帆船以及水上摩托一起跟上，组成了一支浩浩荡荡的船队。

第二节　海上鲲鱼——货船

越造越大的油船

20 世纪 40 年代中期，第二次世界大战结束时，最大油船的载重量仅 2 万吨左右。战后世界经济恢复，石油化工迅速发展，原油运量猛增，油船的尺度也相应增大。1950 年建成的 Velutina 号的载重量是 2.8 万吨。3 年后的新型油船的载重量猛增到 4.575 万吨。当时石油的主要运输通道是从产油的中东地区，经过苏伊士运河，把石油运到西欧和北美的工业化国家。

苏伊士运河风光

1956 年 7 月，埃及政府把苏伊士运河权益收回，引起了英、法和以色列侵犯中东和苏伊士运河的危机，运河关闭。随后，苏联和美国干预，重新开放。1967 年，以色列对埃及和叙利亚发动“六日战争”，再次关闭了运河,关闭的时间很长，直到 1975 年 6 月才恢复航行。

在运河关闭期间，油船只得绕道非洲南端的好望角，再北驶到西欧和北美，航程几乎加倍。但世界制造业和贸易发展迅速，特别显著的是汽车和飞机的数量猛增，石油需求空前增长。石油运输的货源充足，航程增大，当然需要更大更经济的船。1966年，日本造的特大原油船“出光丸”，船长342米，载重量21万吨。1976年，更建成了超大原油船(ULCC)GlobtikTokyo号，载重量483664吨，船长379米，宽62米，吃水28米，主机功率33500千瓦。当时一艘20万吨的油船绕好望角到西欧荷兰鹿特丹港的运输成本比一艘7万吨的油船通过苏伊士运河到西1欧的运输成本还要低。

油船

油船一般装备大功率、大输出量的油泵，装卸速度很快，每小时达1.4万吨。大船受港口水深限制的问题也可设法克服。例如，特大或超大油船可以在深水区采用单点系泊装置靠泊，通过管道把石油输送到岸上。大船的经济性是显而易见的。例如，航速都是15节的船，2万吨载重量的船需7460千瓦的功率驱动，而50万吨的超大船的主机功率也不过3.4万千瓦。因此，燃料消耗量以每载重吨计，小船是大船的5倍以上。前者的每载重吨造价也是后者的3倍以上。而且不论船的大小，船员人数相差很少。因此大船的单位运输成本要比小船低得多。

你知道吗

海浪会造成远洋货轮碰撞吗

远洋船舶在茫茫的大海上航行时常会遭遇狂风恶浪的冲击，力量巨大的海浪往往会把船上的设备打入大海或打坏船舶外壳等。有一种海浪十分特殊，后果也十分可怕，它会冲击船舶，使船舶碰撞附近的其他船舶或码头设施。在航海活动中，这种特殊的海浪是由于船舶航行中违反航行、避碰规则，航行速度过快或驾驶操纵不当而引起的。它会强烈地冲击附近的其他船舶与码头设施，造成对船舶的损害。尽管船舶之间并没有实际接触和碰撞，但通常仍把这种由海浪引起的浪损视为碰撞，引发浪损的船舶还应承担船舶碰撞的法律责任。

大型油船

建造特大型船舶的主要考虑是船体强度和船的操纵性问题。实践经验证明，应用现代船舶设计和制造技术是可以保证这样大的船能够抵抗海上风暴的冲击和保留航行安全的。

但是，船在海岸多浅滩地带搁浅破损，所载石油大量泄出，导致大面积海面和滩涂污染，造成巨大损失的海难事故已发生多起。

此外，要注意的是油船都是单程满载，回程加装压载水航行。如压载水中含有石油，排放到海中，则会污染海域，造成危害。1973 年，联合国的国际海事协商组织的防污染公约规定：2 万吨级以上油船须设专用压载舱，不允许在这些专用舱中装载石油。现在船舶检验机构还要求大型油船均应是双壳体的，以防止船体破损时所载石油大量泄出。

大油船的动力装置，过去基本上都采用蒸汽轮机，通过减速器驱动单个螺旋桨。单桨装置有利于提高推进效率，而且造价和维修费用也可少些。蒸汽装置还可随时提供惰性气体，用以充填空油舱。油船卸油后，这些空油舱内聚集着易爆炸的石油气和空气的混合物，必须用惰性气体取而代之，以保证安全。蒸汽动力装置还可提供卸油时把原油加热所需的蒸气，使原油成为流体，以便抽出。由于经济和操作便利的原因，现在油船也多采用柴油机动力装置。

20世纪70年代中期，中东石油输出国家把石油的价格提高了4倍。随后又成倍提高油价。石油消费国家则采取节约能源的对策。那时，还有一个重要的情况是，很高的石油价格促进了一些开采成本较高的海洋石油资源和一些小油田的开发。于是非洲、欧洲北海、美洲的阿拉斯加和其他许多地方都发现了大油田。这时巴拿马运河已可通航7万～10万吨的大型油船。1980年苏伊士运河扩建工程完成可通航吃水15～16米，载重量12万～15万吨的大油船了。这样，油船的航行路线有了改变，航程有所缩短。因此，新造油船的吨位有所降低。当今巨型油船的吨位已减至30多万吨，而4万～5万吨级的所谓“灵便”型油船也很盛行。

高科技技术的结晶——高技术液货船

这类船常常运送各种石油制品、化工制品和液化气体。所载液货大都有易燃性、毒性和腐蚀性。液化气船还要在船的长途航行中保持所载货物始终处于液化状态。为了保证航行安全，船在遇到海难事故时须有较强的生存能力，并能防止液货外泄，污染海洋。为此对船的总体布置、结构、管系的安排、货舱的隔离、通风排气和防火等都有很高的要求，涉及多种高新技术。这类船的造价要比普通液货船高1～2倍。高技术液货船包括成品油船、化学品船、液化石油气船和液化天然气船。

液化天然气船

成品油船

1. 成品油船

这种船的任务是把炼油厂的成品油运到使用部门或市场。成品油一般可分为两类：一是轻质油，色较浅，因此俗称“白油”，如汽油；另一种是重质油，颜色较深，俗称“黑油”，主要是重柴油。成品油的比重比原油小，因而需要较大的货舱容积。成品油船往往要载运多品种的油货，因而要装设多套管路系统，并往往采用放入油中的潜液泵卸油。货舱内表面要光滑，无骨架构件，以利于清洗工作。此外，这种船经常要在不同的港口进行部分装卸作业，货舱内可能产生较大的自由液面，因此要更多地注意船的稳性。成品油船是装载危险品的船，因此船的操纵性要更好一些，以防止碰撞事故的发生。

载运重质油，航程较长的船较大，载重量达到 5 万 ~ 11 万吨。载运轻质成品油的船载重量较小，3 万吨左右较为适用。成品油船一般要求在 12 小时，最多一天内卸完油货。1999 年，我国广船国际公司为丹麦公司所造的 3.5 吨级成品油船就属于后一类。该船的船长 162 米，宽 27.4 米，吃水 9.73 米，航速 15.3 节。

2. 化学品船

化学品船主要可分为专用船和多功能船两类。专用船主要是运输磷酸、棕榈油等，一次运量较大的船，由于石油、煤和其他化工产品种类繁多，因此化学品船需要同时运输多种化学品，而成为多功能的液货船。

许多化学品有毒性，易着火爆炸，而且对金属和合金的腐蚀性很强。化学品一旦泄出船的货舱之外，对海洋、空气的污染和人身的危害是很严重的。因此，国际海事组织(IMO) 和各国船级社对化学品船的布置、构造、液舱分隔、货物围护和人员保护等都有明确和严格的规定。

化学品船货舱的内表面均需用涂层保护，或用不锈钢制造，以起到防腐蚀的作用。化学品船的载重量从千余吨一直到 4 万余吨不等，航速一般是 13 ～ 14.5 节。

3. 液化气体船

液化气船主要有液化石油气船和液化天然气船两类。

(1) 液化石油气船。石油气的主要成分是丙烷或丁烷，可燃，是炼油厂的副产品。开始石油气用压气罐在常温下运输，20 世纪 50 年代初运量增加。1954 年，法国造出第一艘液化石油气船。当然，这种船的货舱需要绝缘，甚至两道绝缘屏障和装有很大的压缩机及液化装置。当然还有半压半冷式的液化石油气船。

(2) 液化天然气船。随着世界工农业的迅猛发展，能源需求空前增长，煤和石油是当前主要的燃料，直接燃烧后造成严重的空气污染。天然气也是深藏地下、数量可观的可燃物质。它的主要成分是甲烷，是气体，燃烧后公害较少。液化天然气很轻，比重仅及水的一半，常压沸点是 –163℃。由于温差过大，材料冷缩热胀，因此对建造材料、绝缘和二级屏障的要求很高，还有

液化石油气船

液化天然气船

控制气体蒸发的问题。

液化气易燃有毒，腐蚀性很强，在低温和高压情况下，与其他物质接触和混合时会产生有毒化学物质。为此，国际海事组织(IMO)制订了《国际散装运输液化气体船舶构造和设备规则》，对船的布置、液货舱位置、货物围护系统、防止液货泄漏的屏障、排吸气管设置、完整和破舱稳性等都做出了明确的规定和要求。

你知道吗

为什么冷藏船一般为乳白色

冷藏船的船体呈现乳白色不仅是为了美观，而且非常实用。冷藏船一般是运送新鲜水果和各种冷冻食品的，颜色深的特别是黑色的物体吸收太阳光的能力强，而浅色的物体吸收太阳光的能力弱，因此乳白色外表可以减少太阳的辐射热，减少热量的吸收，利于保护所运货物的新鲜品质。货舱内有完整的冷却管路和温度调节系统，实际上就是一个浮动的大冰箱。冷藏船是航速最快的船舶之一，一般在25节以上。中国远洋运输总公司推出的绿色快航服务可以将我国内地的新鲜食物在48小时之内运到日本、韩国，摆到日、韩的超级市场上出售。

海上运输巨无霸——集装箱货轮与滚装船

在现代货船中，集装箱货轮是装卸速度最快、最经济实用的大型海上运载工具，号称海上运输“巨无霸”。

1955年4月，美国泛大西洋轮船公司在一艘T-2型油船的甲板上

集装箱货轮

装载了58个集装箱，从新泽西州的纽瓦克驶往得克萨斯州的休斯敦，这是水路集装箱运输的开端。1957年10月，这家公司又将一艘C-2型货船改建成了第一艘全集装箱船。此后，大规模的水路集装箱运输就在美国和欧洲一些国家开展起来。到了20世纪70年代。集装箱货轮已经成熟定型，可分为全集装箱船和半集装箱两种，结构和形状不同于常规杂货船。它的外形狭长，单甲板、上甲板平直，货舱口大，达到船宽的70%～80%，上层建筑位于船艉或中部靠后，以让出更多的甲板堆放集装箱，甲板一般堆放2～4层集装箱，舱内可堆放3～9层集装箱，集装箱货轮没有内部甲板，机舱设在船艉，船体其实就是一座庞大的仓库，可达300米长，再用垂直导轨分为小舱。集装箱下舱后，都被起有定位作用的装置固定起来，即便船在海上遇到恶劣天气，集装箱也不会倾倒。集装箱都是金属制成的，而且是密封的，里面的货物不会受雨水或海水的侵蚀。

集装箱货轮的最大优点是装卸速度快，停港时间短。集装箱货轮一般停靠在专用的货运码头，用码头上专门的大型吊车装卸，大大节省了人力和时间，因此被现代船运业所普遍采用。现代化的大型货运码头，使用集装箱后可以极大地提高航运的效率。

集装箱货轮大多采用高速航运，通常为每小时20～23海里，在沿海短途航行的集装箱船，航速每小时仅10海里左右。美国的海上集箱船发展最为迅速，推动了一些国家水陆联运的发展。近年来，一些发达国家进出口的杂货约有70%～90%使用集装箱运输。

滚装船是以装满集装箱或货物的车辆为运输单元。装载时，汽车由牵引车辆拖带的挂车通过跳板开进舱内。到达目的港后，车辆可直接开到岸上去。滚装船的装卸效率很高，每小时可达1000～2000吨，而且实现了从发货单位到收货单位的“门-门”直接运输，减少了运输过程中的货损和差错。此外，货船和岸上都不需起重设备，即使港口设备条件很差，滚装船也能高效率地进行装卸。

滚装船是在汽车渡的基础上发展演变而来的。滚装船造型特殊，上甲板没有舱口，也没有起重设备。车辆通过船上的艏艉跳板开进开出。航行时，折叠式的尾跳板矗立在船艉，驾驶台等上层建筑设置在船艉部或船艏部。因为滚装船运载的车辆会排出有害气体，所以滚装船对通风的要求较高，在上甲板设有很

滚装船

多通风筒。滚装船船体结构的特点是甲板层数多，一般有 2 ~ 6 层。为使车辆在舱内通行无阻，货舱内不设横舱壁，舱内支柱也很少，因此，滚装船的结构强度和抗沉性较差。

世界上第一艘滚装船“彗星”号，是美国于 1958 年建造的。直到 1966 年，丹麦才建成北欧第一艘滚装船“苏墨赛特”号。由于北欧地区海岸的潮差较小，公路运输网稠密，利用滚装船可以构成海上运输和公路运输的集成运输系统，所以滚装船在北欧迅速发展，到了 20 世纪末，北欧地区的滚装船的运输总量，已经占到全世界滚装船运输总量的一半左右。

第三节　渔业船舶家族成员

围网渔船

围网渔船主要用来围捕游动敏捷的中、上层集群性鱼类。围网渔船在围捕鱼群时，要求操纵灵活，回头转向迅速，故船长宜短，吃水较小，并要求首部设侧推装置。围网渔船的网具既大又重，常堆放在甲板尾部，起网时使用吊杆上的动力滑车，重心较高，渔捞人员常集中于舷侧操作，故船宽宜取大些，以便有较大的稳性贮备。甲板上除在尾部常设有可转动的网台外，还

围网渔船

设有滚筒式括纲绞机，起网动力滑车或槽轮式起网机，舷边滚筒和可移式样理网机等设备。有些大型围网渔船在尾部设一滑坡，其上吊放一只渔艇，有的还设有用作侦察鱼群用的直升机起降平台。

围网作业有独船(带艇)式和灯光围网船组式两种。独船式作业时，当围网渔船在渔场探测到鱼群后，即把围网的一端系接小艇，并将小艇放到海上，然后大船绕鱼群以最快的速度作一大圆圈航行放网，至与小艇重逢后，即收紧围网底部括纲，将鱼群封围在网内。

独船作业的围网渔船，国外目前较著名的为美式“金枪鱼”围网渔船，这种围网渔船的特征是船型瘦削，航速快，操作灵活，大多设有球首和首侧推装置。机舱设在前部，首楼较高。首楼后设主桅一根。桅顶有望台，内装有侧推装置的遥控装置和通信电话。起围网用的动力滑车悬挂于吊杆上。船上有带网小艇一艘和追赶鱼群用的小艇多艘。尾部作成斜坡形,供起放小艇使用。船上设有多种渔捞设备和导航、助渔仪器，自动化程度较高。渔获物采用冷盐水预冷，管架吹风冻结。大型船的首楼甲板上还配有供侦察鱼情用的直升机。

中、上层鱼类大多有趋光的习性。灯光围网船组作业就是利用灯船的集鱼灯把鱼群诱集一起，由围网船放网把鱼群包围起来，达到大量围捕的目的。灯光围网船组一般由网船一艘,灯船二艘(主灯船一艘，副灯船一艘)和运输船一艘组成。网船为船组的指挥船。灯船和网船

传统的灯光围网船

上都设有探鱼设备。船组到达渔场后，即分头寻找鱼群。若找到中心渔场，网船和灯船便抛锚，灯船开始点灯诱鱼，到一定时候，副灯船向主灯船靠拢，使鱼群汇集在主灯船附近，然后灭灯离去。这时网船起锚驶向放网位置。放网时，网的一端由副灯船拉住，网船绕主灯船撒网形成一包围圈，把主灯船围在里面。网船收绞围网括纲后，主灯船驶出网圈，然后运输船驶至网船的对面，利用抄网将渔获物卸入鱼舱。在抄鱼过程中，运输船和网船各由一艘灯船拉住，以保持网形，防止鱼逃。

灯船的特点是要设置专供诱鱼用的电源，安装一定数量的照灯、聚照灯和水下灯；航速要快，以便搜索鱼群和跟得上网船转移渔场；吃水宜小,便于跑出围圈;操纵灵活，一般在首部设有侧推装置；主机尽可能遥控，机舱噪音要小，以免惊跑鱼群。

拖网渔船

利用专门的拖曳网具捕捞中、下层鱼类或甲壳类等的渔船统称为拖网渔船。其特点是以一定的拖速(一般 2 ~ 6 节)拖网航行。主机功率按网具大小和拖速要求而定，要求拖力大。为了提高拖网时航向稳定，一般设计成尾纵倾，以增大尾部吃水。不仅要求能在较恶劣的海况下正常航行，而且还能坚持捕捞作业，因此要有良好的稳性、耐波性和坚强的船体结构。因需经常起、放笨重的渔网，因此要求干舷低、作业甲板场地必须宽敞和需配置拉力较大的拖网绞机，起网吊杆和导向滑轮等捕捞装置。

对拖和单拖是拖网渔船的两种主要类型，按起、放网方式还可区

拖网渔船

分为舷拖、尾拖和尾滑道式渔船。

对拖即以两艘渔船合拖一顶网具，是我国东海、黄海较多采用的一种拖网方式。作业时由一船的尾部放网，当网入水后，另一艘渔船即驶近前来投一引索，把拖网一翼的拖网索拉去，两船各将拖网索放出适当长度，并系在船尾部的拖钩上，相距约 4000 米的距离，平行向前拖航。

对拖作业因网口平张开面大，能利用两曳纲及翼网驱集鱼群入囊网，故对于水深不大 (100 米以内) 底形平坦的渔场最为适宜，网次产量较高。

单拖即以一艘渔船拖曳一顶网具的形式。网具在水中主要靠船的前进速度和网板在水流的作用下产生的张力，可向外伸展一定的距离而使网口张开。单拖作业过去多在渔船的一舷进行拖网和起、放网，即所称的舷拖渔船。它的机舱和驾驶室大多设在船的尾部，在前甲板进行渔捞作业。舷拖渔船由于操作不便和不安全，从 20 世纪 50 年代中期起世界上各国便逐渐淘汰，现被尾滑道式渔船所取代。

尾滑道式渔船

尾滑道式渔船的主要特征是在船的尾端、甲板上往下延伸至水面设一斜坡滑道，供起、放网和拉渔获物 (囊袋) 使用。这样就不必将网具转至舷侧起吊，大大减轻了船员的劳动强度和有利于操作安全。

尾滑道式渔船在滑道上方设有一个门形架，用以调整和拖曳渔网入水。甲板落鱼口对近设置龙门桅或人字桅，上装吊杆用以吊网卸鱼。为扩大渔捞作业的甲板长度，减少起网时拉网次数，上层建筑尽量向首部布置。除在甲板室后端设置分离式拖网绞机外，还在尾部设有多种绞机，因此操作十分便利。为适应远洋作业，多数尾滑道渔船都作成双甲板船型。上甲板为渔捞作业区，亦称作业甲板，布置有绞网机等渔捞设备；甲板间后部作渔获物处理和速冻加工的场所，亦称加工甲板，设有鱼品加工、冻结等设备。甲板间前部常用作船员住舱。目前世界上大型的加工拖网渔船都为尾滑道型式，有的总长已达120米以上。船上配200名船员和加工工人，每天可加工100余吨的鱼货，或生产鱼罐头，鱼香肠等熟食品或冻鱼片、制造鱼粉等。这类新型渔船，其导航、助渔、捕捞机械等设备都向液压化、自动化方向发展。

加工母船

加工母船又称加工基地船，是渔业船舶中最大的船。它的主要任务是在海上接收捕捞船的渔获物，将其加工成各种鱼品，在船上贮藏或转运。因此它常与捕捞船、冷藏运输船、油船等组成综合船队。加工母船主要有：捕鲸母船、蟹工船、罐头加工船、鱼粉加工船等。加工母船还担负调度整个船队组织捕捞生产的任务，并为捕捞船修配损坏机件，补充油、水及其他生活用品，为整个船队渔工提供文娱、医疗等福利设施。

大型加工母船

加工母船的特点是船型尺度大(大型的排水量达1万吨至4万吨以上)和主、副机功率高，设备复杂，船员人数多。船上需有较大的加工制冷能力和较大的冷藏舱和油水舱容积；要有较长的作业甲板和较大的加工间，以便处理和加工渔获物；要有良好的通信导航设备，以便于和基地港或捕捞船保持联系；要有较强的起重能力，以便随时接收捕捞船的渔捞物。因此，加工母船的性能兼有冷藏船、油船、客船和工程船的特征，而就使用性质来说实际上是海上的渔业基地或浮动鱼品加工厂。

捕鲸船

捕鲸船是专门用于捕鲸的渔船。按作业海区分为近海捕鲸船和远洋(或极地)捕鲸船。近海捕鲸船一般独船作业，尺度及吨位较小；远洋捕鲸船吨位多在400总吨以上，一般由数艘至10余艘与捕鲸母船编成船队作业。

为了追捕鲸类，捕鲸船需有较高的航速、良好的耐波性和灵敏

捕鲸船

的回转性能。因此要求船型瘦削，主机功率配备较大；大多为单层甲板，船尾底部切去，船首高昂前倾；舷墙两侧设有系鲸孔，拴拖捕获的鲸体；船体结构需加强；机舱大多设在舯后，甲板室在船舯，驾驶室与首部鲸炮台之间设有天桥，当炮手发现猎捕对象时，可迅速通过天桥到达炮位，将捕鲸炮瞄准游动的鲸，到达射程范围内后，即发现出捕鲸。捕鲸由炸帽、头、倒刺、柄等组成，柄与射索相连，炸帽内装有炸药，击中后炸药爆炸，头穿入鲸体，倒刺张开防鲸挣脱。接着利用甲板上的铰机将鲸体拖至船旁，并用链条通过系鲸孔拴牢，然后将鲸运送到基地或捕鲸母船处理。船舱内设有捕鲸索缓冲装置，以承受被击中的鲸挣扎时对船体的冲击力。此外，还有探鲸仪、鲸游示踪器等专用设备。

海上捕鱼业已有悠久的历史。我国北方沿海也有鲸类资源，签于鲸类资源日趋枯竭这一现状，近年来远洋捕鲸业已受到国际有关协定和资源保护的限制。

第四节　肩负重任的工程船舶

开辟航道的破冰船

每当严寒季节降临的时候，北方的港湾和海面常常会结冰，造成航道阻塞。为了便于船舶出入港口，往往需要破冰船大显身手。

你知道吗

什么是航路？

汽车在公路上行驶，火车在铁路上行驶，它们都有固定的路线，而轮船在海上航行也是有一定的航行通道的，这就叫航路。航路是在海洋、湖泊、江河等水域，可供船舶航行的通道，一般均设置有航标等助航标志，并有充分的水深和宽度，以及比较良好的水文、气象条件等。一般广义上的航线可能包括有几条航路。例如中加航线中，在不同的季节，对于不同类型的船舶就可以有几条不同的航路可供选择。

破冰船起源于俄国。16世纪时，俄国沿海地区出现了一种具有雪橇形船艏的破冰渡船。船上满载石块或冰块，用人力或畜力牵引，翘起的船身可爬上冰面，用船体重量把冰压破。俄国发明家布利聂夫由此受到启发，在1864年把一艘钢板小轮船“派洛特”号改装成世界上第一艘破冰船。“派洛特”号的船艏有一个倾斜角度，使它很容易爬上冰面,利用船身的重量把厚冰压破。不久，布利聂夫又建成了一艘破冰轮船“战斗”号。1871年，德国造船工程师参考布利聂夫的破冰轮船图纸，研制成了用于港口附近和近海破冰的破冰船。19世纪末，世界

破冰船

各国建造了近 40 艘破冰船。

破冰船的长宽比例同一般海船大不一样，它的纵向短，横向宽，这样可以跸开较宽的航道。一艘排水量为 3.7 万吨的现代破冰船，长度为 194 米，而宽度则达 32.2 米。破冰船船头外壳用至少 5 厘米厚的钢板制成，里面用密集的型钢构件支撑，船身吃水线部位用抗撞击的合金钢加固。

破冰船一般常用两种破冰方法：当冰层不超过 1.5 米厚时，多采用"连续式"破冰法，主要是靠螺旋桨的力量和船头把冰层劈开撞碎；如果冰层较厚，则采用"冲撞式"破冰法。破冰船先倒退一段距离，然后开足马力冲上冰层，把船下的冰层压碎。如此反复，就开辟出了新的航道。

破薄冰的破冰船在船艉和靠近船头的侧位，分别各装 2 只螺旋桨，船头螺旋桨从冰下将水抽出，以削弱冰层的支托并使其成为片状裂开。破厚冰的破冰船，为使船可以冲到冰层上面，多在船艉两侧对称地安装 2 只螺旋桨。

1957 年，苏联制造出第一艘核

"列宁"号核动力破冰船

动力破冰船——“列宁”号。它的动力由热核反应堆提供，带上 10 千克铀，就相当于带上 2.5 万吨标准煤，可以在远离港口的冰封海域里常年作业。

很多海域在冬季都会出现结冰现象，而在极地更是常年结冰，为了进行极地探险，这就需要专门的极地破冰船。俄罗斯拥有 7 到 8 艘核动力极地破冰船，可以执行任务的有 6 艘。美国海岸警卫队的中型极地破冰船队主要由 3 艘船组成，其中“希利”号号称美国时下最新、最强的破冰船。此外，英国、挪威、加拿大、日本、芬兰等国也拥有自己的极地破冰船。我国的“雪龙号”也是极地破冰船。

沧海救星——拖轮

在形形色色的船舶中，有一种类型的船舶特别引人注目，它就是救助拖轮。

大家都知道，在道路上行驶的汽车有时会因为发生事故而停在路中央，这就需要派出拖车将其拖到修理厂修理，救助拖轮就是海上的“拖车”。在大海上航行的船舶一旦发生机械故障而失去动力，而这时又遇到恶劣天气，船舶和船上的人员就会处于危险当中，这就必须尽快派出救助拖轮将其拖到港口或安全的水域。多亏了救助轮的抢险救助，许多船舶和船员才得以虎口脱险，幸免于难。

抢险救助是救助拖轮最主要的职责。根据初步统计(截至 2003 年底)，自新中国成立以来，我国救援系统救助遇险船舶 2130 艘次(其中外籍船 510 艘次)，救助遇险人员 24571 人次(其中外籍船员 5508 人次)。因此，救助拖轮被人们誉为“沧海救星”、“海上保护神”。许多年后，一些被救外籍人士还不远万里来中国登门致谢。

救助拖轮

远洋救助拖轮还有一个主要作用，那就是海上拖带。我们都知道，满载乘客或货物的火车在原野上飞驰时，拉动火车的只是一节牵引机车，也就是我们说的“火车头”。救助拖轮就是海上的牵引机车，是海上的“火车头”。在茫茫大海上，有些没有动力的巨型船舶或庞大的海上钻井平台，需要从一个地方转移到另一个地方，这时就需要救助拖轮来牵引。面对这些“庞然大物”，拖轮只能算是一个“小不点”，这有点儿像我们常说的“小马拉大车”，但这匹小马特别有力气。

远洋救助拖轮另一个重要的作用，那就是承担国家特殊的重大政治和军事任务。1985年，我国向南太平洋预定水域发射运载火箭时，在测量船队中就有广州打捞局远洋救助拖轮“德跃”轮的身影。它在队列中担当了重要的保障任务。当完成任务归来时，“德跃”轮船员受到了叶剑英元帅的亲切接见。

在我国载人航天飞船“神舟”号发射的过程中，远洋救助拖轮也承担起了重要的救助保障任务。2003年10月，“神舟”5号飞船升空的时候，我国军方和救捞系统派遣了数艘远洋救助拖轮，在海上为航天员杨利伟筑起了一条生命保障线，为我国载人航天工程做出了应有的贡献。在那几艘远洋救助拖轮中，“德鲲”号拖轮格外受到关注，因为它是我国在20世纪末自行研究、制造的新型拖轮。

拖轮

我国目前最大功率的拖轮是“德大”号和“德跃”号拖轮。它们是姊妹船，功率为1.53万千瓦，是东南亚地区最大的拖轮，在当今世界上也是数一数二的大拖轮，分别属于广州打捞局和上海打捞局。20世纪70年代，在周总理的亲切关怀下，建造了这两艘拖轮，极大地增强了我国的海上救助力量。

“德大”、“德跃”这两艘大功率拖轮建造成功后，多次执行重大救助、抢险任务。它们拥有大功率的主机和耐久的自持力，在远洋拖航中具有较大的优势。直到今天，这两艘拖轮还活跃在全球远洋拖船市场上，发挥着不可替代的作用。

模样奇怪的钻控船（平台）

钻探是资源开发的基础和关键，钻探船也就成了海洋资源开发的关键装备。海上钻探比陆上钻探复杂得多。钻探船分为接地式和浮动式

座底式钻井平台

两大类。接地式又有座底式和自升式两种。浮动式又有半潜式和船式两种。

1. 座底式钻井平台

其下部是一大型浮力沉垫，上部为钻井平台，两者之间联以必要的支柱。座底式平台以沉垫浮于水面的状态被拖往作业海域。定位后，往沉垫内灌注压载水，平台逐渐下沉，直至着落海底，而平台上部甲板则露出水面一定高度。钻井结束后，排出压载水，使沉垫浮离海底，再使平台移位。显然，这种钻井平台受到水深的严格限制，作业水深最大不超过 30 米。否则立柱高度过大，整个平台尺度庞大，造价剧增。20 世纪 50 年代这种钻井平台建造较多，现已被其他型式的钻探船代替。

2. 自升式钻井平台

在驳船式船体边、角上装有三到十几根桩腿，每一根桩腿可利用液压或齿轮齿条装置各自相对于船体上下运动。移航时，所有桩腿全部升至最高点，拖至井位后，将桩腿放下插入海底，然后将船身举升到一定高度，整个平台就像一张“桌子”一样放在水中。钻井完毕，将船体降至水面，再把桩腿拔起，即可拖航。自升式钻井平台移动方便，作业稳定，效率高，成本低，因而发展较快，占全世界钻探船总数的

半潜式钻井平台

一半左右。但是，自升式钻井平台的作业水深也受到限制。水深增加，则桩腿尺度需大为增加，船体尺度也要相应增加，整个平台就显得庞大。通常，自升式平台的工作最大水深一般在 90 ~ 100 米。世界上自升平台桩腿最长为 154 米，最大作业水深 120 米。

3. 半潜式钻井平台

由于座底式钻井平台受到作业水深的限制，当工作深度达到 100 米以上时，就要采用浮动式钻探船了。半潜式钻井平台的下部为船形或圆形沉垫，通过若干根穿过水面的巨型立柱与水面上的平台(甲板)连接。工作时下浮体潜况于水下一定深度。这种钻井平台的摇摆周期大，在风浪中运动幅度小，在装有运动补偿装置后，可以满足钻井作业要求。但由于它仍有一定的运动幅度，所以井口装置必须装在水下，价格昂贵，作业效率较低。

你知道吗

海洋中含有丰富的油气资源

据估计，世界石油极限储量 1 万亿吨，可采储量海洋资源 3000 亿吨，其中海底石油 1350 亿吨；世界天然气储量 255

亿～280亿立方米，海洋储量占140亿立方米。20世纪末，海洋石油年产量达30亿吨，占世界石油总产量的50%。中国在临近各海域油气储藏量40亿～50亿吨。由于发现丰富的海洋油气资源，中国有可能成为世界五大石油生产国之一。

4. 钻井船

有单体船和双体船两种船型。对于钻探工作必需的定位可用多锚定位、中心锚泊定位和动力定位等方式。多锚定位时采用6～12只锚定位，但不是很可靠。中心锚泊定位是在船中部开一阱穴，装入一个相对于船体能自由旋转的转盘，其上装置多台锚绞车，拉出钢缆抛锚。这种抛锚方式的运动幅度较多锚定位的要小些，但在大风浪中仍不能适应作业要求，而动力定位钻井船舶运动幅度相对较小，近年来建造数量较多。

第五节　多姿多彩的特种船舶

水上大巴——双体船

远古时代，中国和东南亚地区就广泛使用一种“双体船”，就是把两只独木舟连在一起，这种船在风浪中比较稳，不易翻船，并且能够多载货物和人。有时候也会把三条船串联在一起，称为三体船。帆船出现后，人们把这种方法用在帆

双体船

船上，造出了双体帆船，这种帆船在海上可以承受较大的风浪。

双体船是一种相对较新的设计，起初经常用于竞技及娱乐用的船只设计。后来人们发现，双体船与同样吨位的单体船相比，具有更大的甲板面积和舱容，于是就把它用到货船的建造上。有人还发现，双体船的摇摆小，两只船体之间产生的波浪能起到互相减弱阻力的作用，从而可以制成阻力小的高速船。

从1925年起，苏联高尔基水运研究所的阿尔菲列夫教授就热心地进行双体船的研究，不断推出小型双体船的设计。1960年，根据高尔基水运研究所提供的图纸，苏联人制造出了非常优秀的双体式货船，载重量为600吨，装有794千瓦的发动机，时速达27千米。

随着双体货船的建造成功，苏联人继续建造出了“休息”号双体游船、美国人在第二次世界大战后也开始研究双体船，并制成了“文图拉”号，但因设计欠佳而失败。1973年，美国人又建造出小型双体船“凯玛利诺”号。后来又建造出了两艘试验船，以便进一步探讨双体船的发展前途。

除了美国外，其他一些国家也陆续开始进行双体船的研制。他们发现，常规双体船的适航能力没有问题，但航速比较低，为此各国开始把目标转向现代高速双体船的研究上。1961年，日本的雅马哈发动机公司制造出了大型高速双体船，成功地进行了试运转，此后又不断制造出许多优秀的双体船。在这方面做得最成功的是澳大利亚，2003年5月，澳大利亚凯特公司生产的高速双体船，荣获了地界造船界的一个重要奖项——“最受瞩目新建快速渡轮奖”。

美国海军很快就相中了大型高速双体船的高速支援能力，便着手连续从澳大利亚租借了3艘高速双体船。美国人希望以此为蓝本，通过使用测试，发展出符合美军作战需求的新型战区支援舰。

从民用方面来看，自从20世纪60年代以后，海上高速客运发展迅速，而高速双体船由于有宽大的甲板面积、空间和便于进行豪华装饰

双体船

而被普遍看好，成为近几十年来高性能船中发展最快、应用最广、建造数量最多的一种。但是，双体船也有它自身的缺点，由于双体连在一起，容易损坏，而且对强大风浪的抵抗能力比较差。在设计上也存在许多难题，因此双体船比较适用于在风浪较小的湖上作为游艇使用。正是因为这个缘故，很多人喜欢把高速双体船称为“水上大巴”。

你知道吗

为什么要建造双体船

双体船是一种古老而又年青的船型，早在2000年前的战国时代，在我国长江就有平列两只小船共同渡航的事例。直到20世纪50年代，机动双体船才被人们重视，特别是近10年来有了较大的发展。双体船是将两只瘦长的船体并列，在水线上部用联桥使其合成一个整体。它具有两个船头和船尾，在船体内各置一部主机，尾部各设一个推进器，航行时同时运转，从而推动船舶高速前进。

陆上行舟——气垫船

1953年，英国人科克雷尔提出了气垫理论；1956年制成了一艘周边射流实验气垫船；1959年制成了长9米、宽7米、重4吨的气垫船，并于当年7月24日以2小时零3分钟成功地横渡了38千米宽的英吉利海峡。

气垫船有全垫升式和侧壁式两种。

全垫升气垫船的船底四周装有柔性围裙，用以封住增压空气，将船底全部托起，由空气螺旋桨推进，空气舵操纵。总重量10～300吨，航速50～70节，续航力200～700海里。具有良好的两栖性和一定的越障能力，可在水上航行，也可在沼泽、冰雪和沙漠地域运行。但大风浪中失速较大，容易产生侧漂。

侧壁气垫船的两舷装有伸入水中的刚性侧壁，船首尾部装有柔性围裙，封住增压空气，由螺旋桨或喷水推进器推进。总重量14～200吨，航速20～90节，续航力100～1500千米。有较好的操纵性和航向稳定性，但不具有两栖性。有利于向大型化发展。

气垫船在军事上有广泛的用途，有气垫登陆艇、气垫巡逻艇、气垫导弹艇、气垫扫雷艇、气垫猎潜艇、气垫交通艇等。民用侧壁气垫船于1965年开始营运，全世界已有数百艘侧壁气垫船在行驶，苏联的内河气垫船就有200多艘，1978年11月开始在香港广州之间行驶的“飞翔”号客船就是侧壁气垫船，它长15.54米、宽6.1米，能载60多名旅客或4.8吨的货物，总重20吨，最大航速33节。侧壁气垫船耗油比全垫升气垫船节省2/3。

1966年和1969年中国先后制造了全垫升气垫船和侧壁气垫船。侧壁气垫船可载客70人，最高时速57千米。1981年建成一艘喷水推进的气垫船，有43个客位，时速43千米。

中国于1959年就建成了一艘3吨重的气垫试验艇。20世纪80年代以来，中国气垫船的应用发展较快，至今已有20多型，60余艘用于江海客运和旅游，并已形成从4–108客位气垫客船系列，还向新加坡出口。80年代末研制的722Ⅱ型气垫登陆艇及90年代中期小批建造的724型舰载气垫登陆艇很早都已交付海军使用。民用上，已广泛应用于高速客运和旅游。杭州湾、渤海湾、郑州黄河段、鸭绿江口、长江口、黑龙江和澜沧江上都已开有客运或旅游气垫船航线，其快速、便捷的性能大大缩短了旅途时间，颇受广大旅客的欢迎。

中国航天工业总公司与南通、新会高速船公司研制的108客位气垫船是颇受欢迎的新船型。“慈平”号气垫客船自广东经南海，穿越台湾海峡入东海，进杭州湾，自航1000多海里，历时40小时，航渡中经受了8级风考验，顺利抵达慈溪滩涂。投入营运后，慈溪上海间陆上车辆绕行360千米，需10多小时，采用气垫船走滩涂、跨越杭州湾水路，两头用车联运，路途只有150千米，费时只需4小时。该船出航率90%，满座率85%以上，被誉为杭州湾的蓝色通道，自运营以来取得了很好的社会和经济效益。同型船2艘用于上海崇明间快速客运，把原1.5小时的航程缩短为20多分钟。

气垫船

“慈平”号全长24.3米，宽8.8米，高15.5米，总重40吨，航速在每小时80千米。该船既能在水上平稳舒适航行，又能在沼泽、滩途

“龙飞”号气垫客船

上“陆上行舟”，还能飞过0.8米高的障碍物，跨越2米宽的沟，爬上15°的坡，是一种在特殊地理环境下的理想高速运输工具。

气垫船亦可在浅水区、草地、雪地、冰面上航行，60客位的“龙飞”号气垫客船已营支在东北黑龙江上，四季可通航，解决了结(解)冻期间车、船无法通航时的运输问题。10座以下的玻璃钢小气垫船可用于旅游、水上体育、娱乐和缉私、巡逻、救援等多种任务。

你知道吗

为什么说气垫船是最为神奇的高速船?

气垫船既可以贴近水面航行，又可以像汽车一样在陆地上飞驶，还可以在空中飞行，是介于车、船、飞机之间的一种特殊的新型高速船。气垫船船体常用轻金属制造，船内装有压气机，不断地将空气压缩，通过特殊设计的气道，高速地向船底四周喷射，使船底与水面或陆地形成一个气垫层，气垫把船从水面或陆地上托起来，并通过船尾螺旋桨不断向后鼓风，产生反作用力使船前进，由于它的阻力小，船的时速近百千米，最高时速可达200千米/小时以上。

给船插上翅膀——水翼艇

船在航行中会受到水的阻力，速度越快，阻力越大。如果能让船体大部分浮在水上,就能减小阻力，提高速度。怎样才能做到这一点呢？不妨给船安上像飞机翅膀一样的脚，让它在水中滑行，这种水中翅膀受到水的反作用力，就会使船浮在水上,从而有可能以极高的速度行驶。

这个道理很容易理解，但制成实物却很难。1897年，出生在俄罗斯的法国贵族坎特·德·兰伯特建造出了以这种方式工作的第一艘船，但它鲜为人知。意大利发明家恩里科·福拉尼尼继续思考这一设想，并于1905年建造出了他的第一艘装有梯形水翼的船。它能以每小时80千米的速度航行，和当时的船只比起来，这是非常快的。

电话的发明者贝尔得知这个消息后，认为这是一项很重要的发明，对此很感兴趣，动手画出了类似水翼船的草图。他还与美国人鲍德温合作，在1908年进行了水翼船的试验。鲍德温早就研究过福拉尼尼发明的水翼船，也进行了自己的设计。1910年，贝尔在意大利与福拉尼尼见面，并在玛吉奥里湖上试乘了福拉尼尼的水翼船，感觉很好。回到美国后，贝尔和鲍德温通力合作，建造出了一艘水翼船，命名为“HD-4”号，它的时速达到了87千米。这次成功引起了美国海军的关注，对这项试验给予了大力支持，贝尔和鲍德温继续努力，改用两个257千瓦的发动机给水翼船提供动力，在1919年9月创下了时速114千米的纪录。这项纪录一直保持了10年之久。

水翼艇

1927年，德国人制作了一种表面有孔的水翼艇，小艇在快速行驶时水翼完全抬升到水面向前滑行。第二次世界大战中，德国人冯·斯切特尔开始研究水翼船，取得了不少成果。战后，斯切特尔所在部门的研究人员大部分被苏联人俘获，他们成为日后苏联水翼船发展的骨干。而斯切特尔本人则去了瑞士，在那里成立了一家公司，于1952年制造出了PT10水翼船，重7吨，可载客32人。这艘水翼船往来于瑞士和意大利之间，速度达32节，令旅客非常满意。在此之后，斯切特尔创建的公司陆续发展出了PT20、PT50、PT75、PT100和PT150水翼船，都是采用半浸式水翼和水下螺旋桨推进。最后出产的PT150采用前半浸后全浸水翼，重165吨，载客250人，速度达到37节。至1971年停产时，这家公司生产出了150多艘水翼船，部分水翼船至今仍在服役。

苏联人一直在对水翼船进行研究，早在20世纪70年代和80年代，就设计出了不少流线型的水翼船渡轮和军舰，其中一部分还出口到国外。苏联人制造的水翼船以半浸式居多，主要用在波浪较小的内河及湖泊上。

美国的波音公司在20世纪60

小型水翼艇

年代开始研究水翼船。1974年，波音公司建造了6艘40米长的全浸式水翼船军舰，舰上装有反舰导弹、75毫米快速炮。这些水翼船在水面上航行时，主要使用柴油机引擎，飞航时则使用燃气引擎，用喷水器推进。与此同时，波音公司还积极发展民用水翼船渡轮。

目前，世界上现存的水翼船大多不超过1000吨。跟其他高速舰艇技术相比，水翼船的主要优点是能够在较为恶劣的条件下航行，船身的颠簸较小，而且高速航行时所产生的水波也比较小，对岸边的影响不大。

第六章
海军宠儿——军用船舶

对制海权的争夺是现代战争的一个焦点，而制海权的争夺又离不开强大的海军和先进的军用船舶装备。从古代的桨帆战船和风帆战船，到现代结构复杂、功能完备的各类战舰；从撞击站和接舷战，到炮战、导弹战和信息战，军舰留下了一条不同寻常的辉煌足迹，并继续成为各国军队的宠儿。

第一节　海上堡垒——战列舰

昔日的海上霸主：战列舰

17 世纪中期起，火炮已应用于海战。那时的火炮装于舷侧，交战时双方舰队保持一定距离，各自的军舰排成一列纵队，依次用火炮轰击敌舰。据说战列舰这一名字即由这种战列纵队而得。后来，随着“巨舰大炮主义”在世界范围内的兴起，人们则特指那些吨位大、有最大口径火炮和最强装甲防护的军舰为战列舰。直到第二次世界大战之前，战列舰常构成大型海军编队核心，用巨炮消灭敌大型水面战斗舰艇，加强海上编队的突击力和战斗坚持力。战列舰的强大炮火还可用来压制和摧毁敌方的岸上目标，如摧毁构造坚固的炮塔式海岸炮、袭击敌方港口等，成为近代海战中“无坚不摧”的海上霸主，横行海上 200 多年。

战列舰

战列舰的排水量很大，在核动力航空母舰诞生之前，在海军舰艇发展的各个历史阶段，战列舰均属舰中“巨子”。早在木质风帆战列舰时代，其排水量就由 1000 吨逐步增大到 4000 多吨了。到蒸汽铁甲战

装甲防护较强的战列舰

列舰时期，经过一次又一次造舰竞赛狂澜的推动，战列舰的排水量由1万～2万吨发展到5万～6万吨。日本秘密建造的、世界上最大的战列舰“大和”号的标准排水量6.4万吨，满载排水量近7.3万吨。其甲板以上的建筑有13层，全舰舱室1000多个。舰长263米，宽39米，吃水10.4米，是名副其实的海上钢铁堡垒。

战列舰的主要武器是舰炮，舰炮分主炮和副炮两种。其主炮通常为10门左右，装在3～4个炮塔中，口径为356～406毫米。主炮配有射击指挥仪，射程可达20～25海里，一次齐射能发射10吨炮弹，并能连续长时间射击。主炮通常布置在军舰的中线面上，或作中线重叠配置。其用途是消灭敌大型水面舰艇，击毁敌方岸上目标。副炮数量很多，一般有120～125毫米的中口径炮12～20门，75毫米的小口径炮100多门。副炮用来抗击敌驱逐舰、鱼雷艇及航空兵的袭击。至于日本自恃为“王牌”的战列舰“大和”号，其主炮口径达460毫米。装备3座三联装炮塔，1座炮塔质量为2200吨；1发炮弹1.5吨，最大射程22海里。各种口径的副炮147门；后来为了加强防空火力，高炮竟然达到近200门。仅就舰炮数量及威力而言，把战列舰称为“海上炮兵阵地”也是当之无愧的。

有最强的装甲防护是战列舰的

又一个突出特点。为防御炮弹和炸弹的攻击，在舰体舷侧、甲板、指挥塔和主要战斗部位都装有很厚的防护装甲。装甲分垂直装甲和水平装甲两种，舰体舷侧部位的称垂直装甲，厚度与主炮口径相当或更大，一般在406 ~ 457毫米之间。这样，在中距离上就不会被敌方的炮弹击穿。各层甲板上装置的甲板称水平甲板，总厚度在250毫米以上。一般情况下，主甲板装甲厚150毫米、上甲板厚30毫米、下甲板厚80毫米。500千克以下的炸弹穿透不了这么厚的装甲。大型战列舰的装甲总质量达2万吨，占全舰排水量的40%左右。

为抵御水中鱼雷和水雷的袭击，战列舰的舷侧设有专门的防雷舱。万一被鱼雷或水雷击中，鱼雷或水雷产生的冲击波经过几层防雷舱的扩散、消耗和阻挡，被减弱到不能侵入舰体内部。战列舰上还设置有多道水密隔舱，可防止浸入的海水扩展到其他舱室。因此，战列舰不仅攻击力强，抗打击性能也十分突出。

密苏里”号战列舰

你知道吗

“大和”号战列舰

日本的“大和”号战列舰，当被一枚鱼雷命中时不会影响战斗力；同一舷侧被2枚鱼雷命中时，仍能保持战斗力。航速达27节，这是因为其主机功率十分强大，达到11033万千瓦。舰上有4台汽轮机、12台蒸汽锅炉；由4台汽轮机带动4个直径6米的大型推进器。储油量6300吨，以16节经济航速航行，续航力达7200海里。

战列舰上的观测设备也比较完善，仅无线电台就有一二十部，因而可在任何能见度下进行观测、通信。有的战列舰还搭载水上飞机，用于侦察，观测及修正主炮射击的弹着点。至于在20世纪80年代进行了现代化改装的“密苏里”号战列舰，还装备了“战斧”巡航导弹和“海军战术系统”，其作战威力就更不可同日而语了。

战列舰舰体巨大、适航性好，

有强大的舰炮火力和坚固的装甲防护；有足够的航速、续航力和机动力；可在各种气象条件下进行海上战斗。历史上，战列舰曾在海上称霸200多年。但它终因不能有效地抵御集群舰载机的攻击，在第二次世界大战中，终于被新兴的航空母舰赶下了海上霸主的宝座。

二战中的战列舰

战列舰退出海战舞台

第二次世界大战期间，战列舰的战技术性能确实是达到了“登峰造极”的地步。舰炮射程超过40千米，也确是使人叹为观止的纪录。但是，“二战”中的重要海战多是在150～200海里的距离上进行的，主要突击力量是航母舰载机或岸基飞机，双方军舰并不见面，威力强大的舰炮也无用武之地。

“二战”之后，世界上再没有谁建造战列舰了。在战争中幸存下来的战列舰也都退役、封存、拆除，甚至进厂化成铁水；有的则当教练舰，或送去博物馆供参观。战列舰家族整个就像“树倒猢狲散”的大观园。但也有例外，那就是美国的“衣阿华”级4艘战列舰。虽然它们也是几经沉浮，但毕竟还有两艘舰参加了90年代的海湾战争，为战列舰史写下了浓墨重影的一笔。

据美国国防部致国会的报告中统计：到2月28日停火时，两艘战列舰在83次炮击任务中，共发射了1102发406毫米炮弹，弹药重约1322.4吨。在有目标定位的52次炮击中，37次有炮击结果统计数据，其中40%的炮击给目标造成轻度破坏，30%造成中等至重度破坏。战列舰的炮击，给予美国地面进攻部队强有力的火力支援，为步兵冲锋铺平了道路。

这是自朝鲜战争以来两艘战列舰的首次炮击，也是这两艘战列舰退役前的最后一次炮击，很有可能这将是战列舰历史上的绝响。

20世纪80年代，“衣阿华”级战列舰进行现代化改装时，研制了几种新型炮弹。一种是集束炸弹，型号为EX146型炮弹。这种炮弹体内装有大量的子母弹，当炮弹飞到目标上空时，这些子母弹便从炮弹底部抛出，借助空气阻力和离心力的作用，在目标区上空均匀地散开落下。据说，这种集束炮弹能在目标上空形成10平方千米的覆盖面。另一种新炮弹是EX148型330毫米次口径脱壳炮弹。这种炮弹能使406毫米火炮的射程提高一倍。它的增程原理就是通过脱掉飞行过程中炮弹外圈的轻壳，使炮弹的截面积减少，从而作用于炮弹单位横截面上的空气阻力减少，达到增程的目的。这种炮弹也是集束型。美国科研部门还为“衣阿华”级战列舰的主炮研制了末制导炮弹。这种炮弹是在弹头加上红外制导装置，还有控制系统、固体火箭发动机系统。炮弹发射出去后，能够自动搜索、跟踪目标。这种炮弹既具有炮弹初速大、可连射的特点，又吸收了导弹精度高、反应灵敏的优点。

“衣阿华”级战列舰

你知道吗

什么是红外制导

红外制导是利用红外探测器捕获和跟踪目标自身辐射的能量来实现寻地制导的技术。红外制导技术是精确制导武器一个十分重要的技术手段，红外制导技术分为红外成像制导技术和红外非成像制导技术两大类。

由于研制了新炮弹，“衣阿华”级战列舰选用了MK160-5型新的火炮控制系统。该火控系统主要由MK38型指挥仪、AN/UYK44型计算机、AN/UYQ-21型数据显示操纵台和用于控制炮弹飞行的AN/SPG-53齐射控制雷达等组成。旧的火控系统只能控制一门炮，新的火控系统可以同时控制全部9门406毫米主炮；能为“战斧”巡航导弹和全球定位系统提供定位数据，导弹飞行误差将会大大减少；还能精确估计初速误差，提高射击命中率。

“战斧”巡航导弹和“鱼叉”反舰导弹，是美国战列舰80年代进行现代化改装时装备上舰的。从此，战列舰的火力发生了质的变化，由单一的火炮攻击增加了现代化打击手段。

“战斧”巡航导弹发射瞬间

1991年1月17日凌晨，“沙漠风暴”行动开始前夕，部署在波斯湾和红海的战列舰、巡洋舰、驱逐舰和潜艇，向伊拉克发射了常规的“战斧”巡航导弹。这些导弹准确地落在伊军的“飞毛腿”导弹阵地、化学武器设施、发电厂与配电变电站以及高级领导人的指挥中心。据美国国防部致国会的报告中揭示：水面舰艇和潜艇成功地发射了288枚“战斧”导弹中的282枚，其中64%是在战争初期48小时发射的，发射成功率达98%。

“密苏里”号是战后世界上装甲最厚的水面战舰，一般部位厚150毫米，重要部位达400毫米，足以承受1.5吨重穿甲炮弹的轰击，即使“飞鱼”导弹轰击到战列舰的装甲钢板上也会被弹射回来，爆炸冲击波只能划伤装甲。最初，它装有3座三联装406毫米主炮、149门各种口径的副炮和高炮，还载有3架水上飞机。舰上动力装置由8座锅炉和4台汽轮机组成，采用四轴推进方式，总功率15.6万千瓦，最大航速33节，当航速12节时续航力为1万～5万海里。当然，令“密苏里”号名声大震的原因，还因它

停泊在港湾的“密苏里”号战列舰

是 1945 年 9 月 2 日日本无条件投降的签字地点。“密苏里”号的最后一次现代化改装完成于 1986 年，次年5月10日重新加入美国海军服役。1991 年 2 月 4 日凌晨，“密苏里”号战列舰在装备高级水雷避碰声呐的美舰“柯茨”号护航下，穿过已开辟的雷区通道，驶到预定火力支援区。随后，它在美国海军陆战队的指挥下，用 9 门 406 毫米大炮破坏了伊军的指挥中枢、弹药库、炮阵地、导弹阵地和雷达站，到 6 日凌晨，该舰共发射每枚 1.2 吨重的炮弹 112 发，给多国部队地面进攻以强大的火力支援。

1992 年 3 月 31 日，在热烈的礼炮和号角声中，“密苏里”号战列舰缓缓驶回美国洛杉矶港码头，结束了它辉煌的一生。从此，战列舰这个一度逞威于火炮时代的“霸主”，退出了海战的历史舞台。

著名战列舰一览

“德意志”级战列舰

“德意志”级战列舰是德国 1903、1904 年度计划建造的战列舰，是对根据第二个舰队法建造的第一批战舰的追加部分。

“德意志”级战列舰沿袭了“布伦瑞克”级战列舰的设计方案，于 1901 年作为“布伦瑞克”级的改良型而着手设计。德国海军计划将这两个级别的战列舰组成一个舰队，所以它们的主炮、副炮均相同。但为了减轻舰体重量，“德意志”级战列舰的副炮全部被安装在炮廓中，其中央炮廓群区域的面积也要比“布伦瑞克”级大，这样炮与炮间的距离变大了，可以在一定程度上改善一座火炮被击中导致两座火炮都无法发射的情况，而且扩大了每座火炮的射击范围。同时，“德意志”级战列舰的舷侧装甲也进一步加厚。

1902年，德国海军最终完成了设计方案，并开始准备建造第一艘舰。但同时英国海军正不断加长其305毫米火炮的身管，为了与其相对抗，德国海军对设计方案做出了相应改进，决定从该级战列舰第二艘起进一步强化战舰的防御能力。为了与“布伦瑞克”级战列舰共同行动，该级舰在锅炉方面均采用了水管锅炉以便减轻舰体重量，同时将蒸汽压力增加了10%以上，以便增加主机功率，从而保证航速与“布伦瑞克”级战列舰相同。这样，该级战列舰与此前的舰型相比有了明显进步，但由于在其建造期间已经迎来了无畏舰时代，因而在建造之初就被打上了“二流”战列舰的烙印。

“北卡罗来纳”级战列舰

20世纪30年代中期，鉴于“一战”结束前建造的战列舰正陆续超龄，而亚洲和欧洲的潜在敌国日本和德国正在积极扩军备战，美国海军开始建造新一代战列舰。

战场上的“北卡罗来纳”级战列舰

“北卡罗来纳”级是这一批现代化战舰中最先诞生的，于1937年开始建造，共有“北卡罗来纳”号和“华盛顿”号2艘。

由于受《华盛顿海军条约》和《伦敦海军条约》的限制，“北卡罗来纳”级战列舰的设计方案千呼万唤难出台。美国早在1929年就开始考虑造舰问题，并根据当时的海军部长对拟建战列舰性能所做的概略性指示，反复研究，先后制订出多个可供选择的设计方案。1937年，“北卡罗来纳”级的设计方案终于得以定型，其内成功运用了在条约时期积累的大量技术成果。

在“北卡罗来纳”级的设计中，武器装备、防护和推进装置是研究的重点，其中尤以武备为首要。最初，两舰确定采用12门MKII型356毫米主炮，高平两用副炮，以28毫米高炮和12．7毫米高射机枪做轻型防空武器。但在建造时，主炮的口径和数量却意外地作了变更。而投入实战以后，由于击落高速飞机的命中率不高，防空武器也自 1942 年起更换成了 40 毫米“博福斯”高炮和 20 毫米“厄利孔”高炮。

你知道吗

“战斗之星”

太平洋战争爆发后，“北卡罗来纳”级积极加入，其中“北卡罗来纳”号表现尤其出色。在 1942 年的爪达尔卡纳尔岛和图拉吉岛登陆战中，作为当时为航母护航的唯一一艘战列舰，“北卡罗来纳”号表现卓越，从此奠定了美军快速战列舰的主要任务：为航空母舰提供对空掩护。在此后的 3 年战争岁月里，它共航行 30 余万海里，参加了 15 次战役和重大战斗活动，荣获多枚“战斗之星”纪念章。

大多数战舰退役后都会被拆毁，然而“北卡罗来纳”号却有了另一番命运。它被北卡罗来纳州和维尔明顿的一些知名人士以 33 万美元买下，作为一艘战争纪念舰保留了下来。1961 年 10 月，该舰停驻在北卡罗来纳州费尔角河的一个永久性泊地，正式供人参观。它是目前世界上修复装饰最好的展舰之一，每年都有大约 25 万国内外游客登舰参观。

“拜恩”级战列舰

“拜恩”级战列舰是 1912 年度 (2 艘)、1914 年度 (1 艘) 及第一次世界大战时 (1 艘) 计划建造的战列舰。

根据 1908 年修改的舰队法的规定，德国自 1912 年起每年建造 1 艘战列舰；但 1912 年德国再次修改了舰队法，并决定在 1913 年度追加建造 1 艘战列舰。第一次世界大战爆发后，德国转为执行战时计划，并于 1914 年度追加建造 1 艘战列舰。这样，该级战列舰分别于 1913、1914 年度各建造两艘。德国海军在沿用“国王”级战列舰设计方案的基础上对该级战列舰进行了设计。当时，澳大利亚海军为了节约舰体长度而采用了三联装的主炮塔，对此德国海军也进行了慎重的讨论。如果采用三联装炮塔的话，舰体中央的炮廓将变小，这也将节约装甲重量，而且 4 座三联装炮塔的重量几乎相当于6座双联装炮塔的重量，并能够获得更大的射击角度。但在对澳大利亚战列舰进行调查后发现，其舰体中央火炮的弹药供给速度比左右两座火炮要慢一些，炮塔的发射速度也相对较低，炮塔旋转的转矩也增大了，如果被1发炮弹击中的话，3座火炮可能均无法使用。鉴于此，德国海军最终放弃了这种炮塔。德国海军认为，与他国搭载三联装炮塔的战列舰相比，如果将口径增大一圈，双联装火炮也能够发射同等弹量的炮弹，遂于1912年1月决定采用380毫米火炮，并装备于“拜恩”级战列舰。克虏伯公司立即着手进行试验，并于1914年成功完成试射，随即投入实际生产。为此，该级战列舰也不得不推迟一年动工。另外，早在该级舰的设计之初，德国海军就一直在讨论是否安装巡航用的柴油机，最终在该级第三艘舰——“萨克森”号战列舰上完成了这一构想。但由于“萨克森”号战列舰未能完工，德国海军最终还是未能实现搭载柴油机的计划。

“田纳西”级战列舰

“田纳西”级战列舰是美国海军继“新墨西哥”级战列舰后的改进型，它的首舰“田纳西”号于1917年5月开工，1919年4月下水，1920年6月完工服役。2号舰“加利福尼亚”号于1919年11月下水，1921年8月作为太平洋舰队的旗舰开始服役。

“田纳西”级战列舰采用了新式的后置龙骨设计，拥有较过去的旧型战舰良好的水下防护措施。其主炮和副炮均装有火控系统，并且其主炮可以上仰到30°，而以前的战列舰只能达到15°，这使其射程增加了9千米。弹药库、水下配置、动力系统等要害地方装甲厚度也重新设计过。这使得“田纳西”级的排水量大大增加，超过了“新墨西哥”级。当然，防御力的增强必然牺牲机动性，因此，“田纳西”级战列舰的动力还是很差，最高航速只有21节，远远逊色于同类型战舰。

“田纳西”级战列舰一共造有两艘，分别是“田纳西”号和“加利福尼亚”号。

“田纳西”号是田纳西级战列舰的首舰，于1917年5月开工，1919年4月下水，1920年6月完工服役。完成后“田纳西”号曾发生一次重大损坏事件，1920年10月30日，“田纳西”号的一组锅炉突然发生爆炸，爆炸严重地破坏了它的轮机，使得刚建好的“田纳西”号不得不返回船厂进行大约半年的维修。1921年6月，修好后的“田纳西”号在加州洛杉矶的圣·佩德罗海军基地里加入了太平洋舰队。此后的20年中，“田纳西”号一直在太平洋舰队服役，除了偶尔到东海岸巡航外，“田纳西”号同美国海军其他的战舰一样，在和平时期执行例行的训练活动和参加美国海军举办的各种实战演习。

“布伦瑞克”级战列舰

“布伦瑞克”级战列舰是德国1901、1902年度计划建造的战列舰，是根据1900年制定的第二个舰队法建造的第一批战舰。如果根据旧舰队法，该级战列舰原计划替代1873年舰队创设计划中的海防舰。新舰队法出台后，战列舰的建造数量进一步增加，该级战列舰就是作为增加的部分而建造的。

“布伦瑞克”级战列舰是第一批以与英国舰队作战为首要目的而建造的战列舰，其主副炮的配置均仿照了英国战列舰的样式，装甲防护措施则稍稍优于英国战列舰。当时，随着装甲的复杂化及鱼雷的发展，意大利海军除主副炮外，还采用了中间炮，法国海军则进一步扩大了副炮的口径。为了采取应对措施，该级战列舰在其前后主炮塔间的舷侧区域，从上甲板至水线装甲带均铺装了装甲。

“恺撒·腓特烈三世”级和“维特尔斯巴赫”级战列舰都十分重视火炮发射速度，因而搭载了240毫米速射炮。由于德国在1900年研制出了280毫米火炮，因而该级战列舰采用了该种火炮。从时间上来看，“维特尔斯巴赫”级战列舰也能够搭载该种炮，但从保持舰队实力均衡的角度出发，最终还是决定从“布伦瑞克”级战列舰起再装备。该级战列舰并没有采用中间炮，取而代之的是在副炮中采用了新型的170毫米40倍口径速射炮。但这种火炮发射的穿甲弹重达63千克，炮手们很难迅速填弹，因此其发射速度反而降低了。

第一次世界大战爆发时，该级战列舰隶属于公海舰队的第2分舰队，但不久就被调配到第4分舰队，驻守在波罗的海。此后，为了补充小型舰艇的兵员，该级战列舰的部分船员被抽调到其他舰艇，其主要任务也改为负责湾警备。第一次世界大战结束后，根据《凡尔赛条约》，该级战列舰被保留了下来，其中3艘作为正常配备的战列舰，其余两艘则作为备用舰，均划归魏玛共和国海军所有。

“衣阿华”级战列舰

“衣阿华”级是美国在“二战”期间建造的吨位最大的一级战列舰，也是目前世界上最后一级退出现役的战列舰。该级舰始建于1943年，至1944年完成，共造4艘，分别是“衣阿华”号、“新泽西”号、“密苏里”号和“威斯康星”号。

“衣阿华”级战列舰是在“南达科他”级的基础上改进而成的。它继承了“南达科他”级强装甲防护的优势，并且一改以往战列舰长期疏忽的问题，重点提高航速，大幅度提高主机功率。为此，该舰采用当时输出功率最大的舰船动力装置，又重新设计了舰体。此外，该舰还特意采用了两种不同的螺旋桨，以消除舰艉振动现象。

“二战”期间，“衣阿华”级活跃于太平洋战场，为航空母舰护航和支援两栖作战。战后，除“密苏里”号留作训练舰外，其余 3 艘均封存备用。朝鲜战争爆发后，该级舰再赴战场，其中“威斯康星”号于 1952 年因受炮击，返回修理，余者均服役至战争结束。此后，4 艘舰又一次全部封存。1968 年，“新泽西”号第三次“从军”，奔赴越南参战，但因作战能力有限，消耗费用过大，终在 1969 年退出。

20 世纪 80 年代，美国斥重资对“衣阿华”级战列舰进行了现代化改装，重点加强对地对舰攻击和反潜防空能力，提高通信和电子设备的现代化水平，改善舰员的生活条件。舰上加装了 8 座四联装“战斧”巡航导弹和 4 座四联装“鱼叉”舰舰导弹发射装置，新增 4 座“密集阵”近程防御系统，又设置了直升机起降平台和无人驾驶飞机弹射器。

行驶中的“衣阿华”级战列舰

重整武装的“衣阿华”级再次踏上征程，虽依稀仍见当年勇，但终究难逃英雄迟暮的命运。1990 年，第四次服役没多久的“新泽西”号和“衣阿华”号再次封存。而“密苏里”号和“威斯康星”号则参加了 1991 年爆发的海湾战争，二舰共向伊拉克的战略目标发射了数十枚“战斧”巡航导弹，还炮轰了科威特南部的伊军炮兵阵地，铸就了它们战场生涯中最后的辉煌。此战后不久，“衣阿华”级便退出了现役。

1992 年以后，一代海上霸主“衣阿华”级终于彻底退出了海战的历史舞台，自此终结了那个曾经无限辉煌的巨舰重炮时代。然而，它们并未就此消亡。现在，“衣阿华”号停泊在加利福尼亚州旧金山休森

“密苏里”号模型

湾，“新泽西”号保留在新泽西州卡姆登港口，“密苏里”号永存夏威夷珍珠港，“威斯康星”号驻足弗吉尼亚州诺福克港口，4舰均作为海事博物馆展出。

日本签字投降的地方

1945年9月2日，日本无条件投降的签字仪式在停泊于东京湾的“密苏里”号上进行。随着签字仪式的开始，各国记者将“日本代表在‘密苏里’号军舰上签字投降，第二次世界大战以同盟国的胜利而告终”的消息发往世界各地。因为这一至高无上的荣誉，服役不久的“密苏里”号战列舰从此名扬天下，永垂史册。

第二节　海上武库——巡洋舰

巡洋舰的兴起与发展

20世纪初，世界海军强国崇尚马汉的“海权论”，认为谁的军舰造得大、炮口造得粗，谁便能称霸海洋、主宰世界；再加上迅猛发展的工业革命，为建造巨舰提供了技术保障。于是，各海军强国的战舰越造吨位越大、炮口越粗。主力舰的逐渐大型化以后，为主力舰警戒、护航、侦察的巡洋舰，也开始向大型化、高速度发展。这一时期巡洋舰的发展，有如下特点：

1. 继续发展大型化巡洋舰

华盛顿协定限制了战列舰建造的数量，导致了建造重型巡洋舰。重巡洋舰主炮口径203毫米，排水量1万吨左右。当时称这种舰叫“条约型巡洋舰”。如日本的4艘“古鹰”型巡洋舰是世界最早的重巡洋舰，攻防力强，航速高，排水量与英国的“E”型、美国的“奥马哈”型大致相同。日本还建造了4艘“妙高”型和4艘“高雄”型。这8艘巡洋舰都属“条约型巡洋舰”，炮火、鱼雷火力强，航速快，有装甲防护，被认为是同时期各国重巡洋舰中最优秀的军舰。德国造了3艘装甲巡洋舰，也叫“袖珍战列舰”。当时，德国因是第一次世界大战的战败国，不仅受华盛顿协定限制，而且还受凡尔赛和约的制约。为了对抗德国拥有新舰不得超过1万吨的条约限制，德国人在这3艘装甲巡洋舰上大动脑筋。由于使用铝、焊接和其他减少重量的办法，3艘舰的实际排水量为每艘1.2万吨，装备6门280毫米的火炮和许多小炮，航速

巡洋舰

可达 26 ~ 28 节，有装甲防护。

2. 航速提高

这一时期建造的巡洋舰，普遍使用了高张力钢和轻金属，既保证舰体坚固又减轻了重量；电焊也取代了铆钉而被逐步广泛应用，从而改善了建造工艺；使用高温高压的蒸汽轮机和柴油机。这一系列的先进技术和设备的应用，提高了巡洋舰的航速。像日本的“古鹰”型巡洋舰，在船体结构上，采用了比较小型的骨架，减少了钢板的厚度；采用了主机马力比较小的细长船体，成功地减轻了船壳重量；加上一部锅炉混烧煤炭，大大提高了航速，达到 35.5 节。美国的“阿拉斯加”号大型巡洋舰航速 33 节，英国的“奥罗拉 E 型”巡洋舰的航速也已达到 33 节，意大利建造了 40 节高速度的轻巡洋舰，把巡洋舰的航速提高到了顶点。

3. 装甲防护有所提高

第一次世界大战中，英国巡洋舰以减轻装甲换速度的案例，普遍引起了世界海军强国的重视，在这一时期建造的巡洋舰注重了装甲防护。如日本的“最上”型巡洋舰采取倾斜式舷侧装甲防护，并对水下鱼雷有防护能力。“古鹰”型巡洋舰舷侧和中甲板的装甲，使用高效率的嵌接接缝法，加强了船体纵向强度；另外还加强水线部分的装甲防护。日本的“高雄”型巡洋舰采用了防鱼雷纵隔壁，提高了水下部位的防护能力。英国和美国建造的巡洋舰也在船体的坚固性、侧舷装甲和水下装甲防护方面做了改进。

“高雄”型巡洋舰

4. 攻防平衡

在第二次世界大战中，航空母舰开始登上“海洋霸主”的地位。在大力建造航空母舰的同时，也造了大批巡洋舰和驱逐舰。巡洋舰充当航空母舰“卫士”的角色。为了有效地防御来自飞机和潜艇的威胁，保护航空母舰编队的安全，这个时期建造的巡洋舰，加强了对空和对潜防御，出现了一批“攻守平衡”的巡洋舰。像美国的“巴尔的摩”、“得梅因”、“克利夫兰”、“伍斯特”号巡洋舰，在攻击和防卫能力上达到平衡。

在防空武器方面，雷达装上巡洋舰。雷达于1939年第二次世界大战爆发之前由英国人研制成功。雷达的出现，使巡洋舰及时侦测到来袭的敌机或舰艇，且不受夜晚或浓雾的限制，为战舰的防卫赢得主动。接着，火炮指挥仪也研制出来并装备军舰，包括雷达在内的火炮指挥系统，可使舰炮有效地打击飞机。同时，巡洋舰还装备了口径为20～40毫米的多管自动炮，可以快速、灵活、准确地对空射击。炮弹近发引信的使用，使炮弹并不一定要直接命中目标，可在有效距离内靠炮弹的爆炸力将飞机击毁。

与此同时，在反潜艇方面也得到加强。声呐装上巡洋舰，给战舰安上了“灵敏的耳朵”。英国和美国在声呐技术上领先。美国在战时的主要贡献是发展了一种能用一窄波束迅速在一个扇面或360°全方位扫描的系统。这个系统能迅速准确地搜索到德国潜艇。反潜兵器也得到改善。1942年，英国海军在巡洋舰装备了名叫“刺猬”的深水炸弹，能从舰首把24枚深水炸弹齐射出180米远；深水炸弹的装药量也成倍增加。不久，美国海军使用了

安装有声呐的巡洋舰

带有陀螺仪稳定器和加大射击角的改良型“刺猬”深水炸弹发射炮。由于使用了“刺猬”型深水炸弹发射炮，命中潜艇的概率1944年提高了8%，1945年提高了10%。

你知道吗

什么是深水炸弹

深水炸弹又称深弹，是一种用于攻击潜艇的水中武器，通常装有定深引信，在投入水中后下沉到一定深度或接近目标时引爆以杀伤目标。通常由舰船或反潜飞机投放，现在它的反潜地位已慢慢地被舰载鱼雷或空投鱼雷取代。

在第二次世界大战期间，巡洋舰参加了广泛的战斗活动，主要是袭击敌方的海上交通线和保护自己的交通线。战争初期，德国还用重巡洋舰和快速商船改装的辅助巡洋舰，单独在大西洋上进行所谓的“巡航作战”。此外，巡洋舰也曾协同战列舰和航空母舰进行战斗，担任它们的护卫，防止敌方航空兵、潜艇和驱逐舰的攻击。同时，巡洋舰还参与了对岸上目标和基地港口的炮火袭击。在第二次世界大战中，各资本主义国家的巡洋舰被击沉的共有123艘，占参战总数的47%，被击伤的也有80艘之多。

巡洋舰的没落

第二次世界大战的硝烟散尽，昔日的海上霸主战列舰走向衰落，各国不仅停止了建造新战列舰，而且在战争中幸存下来的也纷纷退役，或进工厂化舰为犁，或长时间封存。

一些国家计划建造的巡洋舰也停止了建造，大批巡洋舰亦开始退役。即使是美国这样的海军大国，也仅存20艘重巡洋舰，而将另外20艘重巡洋舰和40艘轻巡洋舰转入预备役。

随着美国和苏联冷战的兴起，巡洋舰又被卷入新一轮军备竞赛。进入20世纪50年代之后，发展巡洋舰的国家主要是美国和苏联，其他国家建造巡洋舰的很少。英法等国则以建造驱逐舰和轻型航空母舰取代建造巡洋舰。

美国推行“核威胁”战略，并将航空母舰及其可投掷核武器的舰载机作为威慑手段之一。为了使舰载机深入对方的国土，航空母舰不得不尽可能地逼近海岸，这就冒着遭受对方陆基航空兵反击的极大风险。于是，美国发展巡洋舰的目的在于替航空母舰提供对空防御。美国初期的防空导弹系统在体积和重量上都很庞大，唯有巡洋舰能够装载得下。20世纪50年代就出现了一种改装而成的、专业化的防空导弹巡洋舰，接着为了协调核动力航空母舰作战，又专门建造了防空型的核动力导弹巡洋舰。而在西欧，英、法、意等国则慑于苏联庞大的潜艇部队，纷纷改装或新建了保护海上交通线为战斗使命的反潜型直升机巡洋舰。

1953年，美国在其重巡洋舰“巴尔的摩”号上装上了“天狮星－Ⅰ”导弹。从此，巡洋舰开始进入导弹化新时期。1955～1956年，美国又对两艘“波士顿”号巡洋舰进行改装，装备了导弹武器。1958～1959年，又对两艘巡洋舰进行改装，装备了对空导弹、反潜导弹，使之能对付空中飞机和水下潜艇的攻击。最初的导弹巡洋舰的射击威力并不比火炮巡洋舰强。由于“天狮星”导弹效能很低，所以增大打击岸上和水面目标的目的并未实现。在这一时期，防空导弹得到了优先发展，研制了“黄铜骑上”、“小猎犬”和“鞑靼人”防空导弹。总之，导弹巡洋舰在发展的最初15～20年内，在各种武器射击威力方面并没有取得质的飞跃，因而，导弹巡洋舰对岸对舰攻击的能力不强，仍然充任警戒舰。1977年，“鱼

导弹巡洋舰

叉”新式反舰导弹开始装备巡洋舰，是反舰能力发生根本变化的分界线。“鱼叉”导弹使巡洋舰的射击威力增大了 1 ~ 1.5 倍。1983 年，“战斧”反舰导弹开始服役，这是增强反舰射击威力的又一步骤。“宙斯盾”系统装备“提康德罗加”级导弹巡洋舰后，导弹巡洋舰的射击威力比早期舰增加了 1.5 ~ 1.8 倍。而在 1986 年，随着导弹垂直发射装置的配备，其射击威力又增加到 10 倍。借助于发射装置的改进，对空射击威力也增加了 1.3 倍。在远程“战斧”导弹装舰之后，巡洋舰对岸射击的威力也增加了许多倍。

1957 年 12 月，美国开始建造核动力巡洋舰“长滩”号。这是世界上第一艘核动力水面舰艇，也是第二次世界大战以后建造的第一艘新式巡洋舰。该舰排水量 1.7 万吨，以 30 节以上的速度可连续航行 16 万多千米。它可与核动力航空母舰协同作战，成为航空母舰警戒舰艇的核心，能够远离基地，长期在海上活动。60 年代，第一艘核动力巡洋舰“长滩”号在与第一艘核动力航母“企业”号和第一艘核动力驱逐舰“班布里奇”号，编成世界上第一支核动力特遣舰队作环球航行时，中途根本不进行燃料、食品补给。

核动力航母

苏联五六十年代没有航空母舰，因此，他们在巡洋舰发展过程中则另辟新径，发展了一种专门攻击美国航空母舰的反舰导弹巡洋舰。他们打算使用这种巡洋舰平时就尾随前来活动的美国航空母舰，把它们一一监视起来，只要一有战争时，即对美国航空母舰实施先发制人的导弹攻击，采取“防患于未然”的对策。但是不久又出现了新情况，1960 年美国“北极星”战略导弹核潜艇中的第一艘“乔治·华盛顿”号驶入太平洋，至 1963 年，后续的 9 艘“北极星”潜艇也都编入现役；并有 31 艘新一代的导弹核潜艇“拉斐特”级陆续下水，过去由航空母舰进行核打击的战略任务明显地转移给了导弹核潜艇。这对苏联来说当然是不能等闲视之的，于是，苏联于 1963 年开工建造了以反潜使命为主的“莫斯科”级直升机巡洋舰，

“基洛夫”级核动力巡洋舰

此级共建造了2艘，舰体的前半部为典型的巡洋舰布置形式，而后半部则与航空母舰相似；于70年代又有“克列斯塔”Ⅱ级、“卡拉”级等17艘反潜巡洋舰相继问世。

进入80年代以后，巡洋舰向多功能方向发展，出现了一代新舰：美国的“提康德罗加”级、苏联的核动力巡洋舰“基洛夫”级、常规动力“光荣”级，都代表了当今世界巡洋舰的最高水平。这些巡洋舰排水量都在9000吨以上，“基洛夫”级满载排水量3.2万吨，是当今世界最大的巡洋舰。这些巡洋舰虽然貌不相似，但有一个共同特点，它们都不再是执行专业化任务的巡洋舰了，而是担负起对海、对空、对陆、反潜的全面作战使命。它们装备了多种型号的导弹，攻击力得到空前提高；它们广泛应用卫星和电子计算机技术，具有完善的通信指挥系统；它们都装备了可以快速反应、能同时对付20个目标的导弹垂直发射系统。虽然，它们的主要使命之一是为航空母舰执行护航任务，但在战斗中它显然不只是作为一个配角出现的；特别是当以它为核心组成海上独立作战编队时，它将会大显身手。毫无疑问，当今的巡洋舰已是除航空母舰之外，战斗力最强的水面舰艇。

美苏冷战结束后，即20世纪

90年代以来，世界各国纷纷裁减军备，巡洋舰又面临一次大的考验。由于两三万吨的大型巡洋舰和几千吨级的驱逐舰所用武器几乎一样，只是携载数量的多少略有不同。所以，人们认为没有必要继续建造新的巡洋舰。美国军方发出指令：要在2000年前使现役所有的核动力巡洋舰全部退役，同时停止建造新的巡洋舰。俄罗斯海军也做出决策，除“基洛夫级”巡洋舰外，其他巡洋舰也将全部退役，并且停止建造新的巡洋舰。与此同时，其他国家的巡洋舰已经基本退役完成。

著名巡洋舰一览

轻型舰王：“布鲁克林”级巡洋舰（美国）

布鲁克林级轻巡洋舰是美国为了对付日益扩张的他国海军力量而建造的装备15厘米主炮的轻型巡洋舰。布鲁克林级轻巡洋舰最初的设计强调本级舰的速度和巡航性能都不能低于重巡洋舰。1931年初，最终选定的布鲁克林级轻巡洋舰的建造方案是排水量9600吨、装备4座三联装炮塔、装甲防护同新奥尔良级。后来，为了安装2.8厘米的防空炮，本级舰的设计再次被修改，对装甲防护同样也做了一些改动。这个时期，装备多达15门15厘米主炮的日本最上级轻巡洋舰的出现，使美军受到了启发，布鲁克林级的建造方案再一次被修改。最终的设计里，布鲁克林级的主要武器变为5座15厘米三联炮塔，飞行甲板移至舰尾。

布鲁克林级轻巡洋舰装备了新研制的47倍口径Mk16型舰炮，这种舰炮的最大射程约为23882米。炮塔正面装有16.5厘米的重甲。布鲁克林级轻巡洋舰的副炮为12.7厘米25倍口径的单装炮，防空武器主要为1.3厘米的机枪，舰尾装备两部弹射器和4架水上飞机，没有装置鱼雷。

布鲁克林级巡洋舰

1933年计划订购了4艘布鲁克林级，1934年再次订购3艘。本级舰最终共建造10艘，其中最后两艘有少量的改进，以至于有些资料里将其单独列为圣路易斯级轻巡洋舰。战争的严酷教训使战时的布鲁克林级加装了四联装的2.8厘米防空炮。所有舰只全部在1935~1939年间建造完成服役。

布鲁克林级轻巡洋舰作为战前建成的一级新锐轻巡洋舰，自始至终参与了大量海战。其中“圣路易斯”号在1943年7月12日的科隆班加拉海战中被日本鱼雷重创，1944年11月27日莱特湾海战中再次被日本“神风”战斗机命中。“海伦纳”号在日军偷袭珍珠港时被击伤。1943年7月，所罗门群岛海域的库拉湾海战中被3枚鱼雷击中，第二天由美军驱逐舰善后。

第二次世界大战后，拥有强大火力和优秀性价比的布鲁克林级成为国际军火市场上的抢手货，除“萨凡纳”号、“檀香山”号和被击沉的“海伦纳”号之外全部被南美国家购入充实本国海军实力。被出售给阿根廷的“费城”号，在1982年马岛战争被英国核潜艇击沉，死亡水兵高达1000余人，给本级舰抹上最后一笔悲剧色彩。

死亡陷阱：阿拉斯加级巡洋舰（美国）

阿拉斯加级是美国建造的一款大型巡洋舰，其设计介于新型战列舰与条约型巡洋舰之间。它本是为专门对付敌方重巡洋舰而生的，近似战列巡洋舰，但在舰型、武备和防御装甲以及运用思想方面却不尽相同。该级舰最大的特点是火力极强，尤其是以127毫米炮、40毫米“博福斯”和20毫米“厄利孔”机关炮组成的密集防空火网，简直是日本飞机的死亡陷阱。1941年12月，在“珍珠港事件”爆发10日之后，该级舰在纽约船厂正式开工。原计划造舰6艘，分别以当时6处美属海外领地命名，然而随着战局的发展和军方优先建造航母的策略，最终只完成“阿拉斯加”号和“关岛”号2舰，3号舰“夏威夷”号更是在完成84%的工程后，被无限期搁置了。

阿拉斯加级巡洋舰

你知道吗

震惊世界的“珍珠港事件”

偷袭珍珠港是指由日本政府策划的一起偷袭美国军事基地的事件。1941 年 12 月 7 日清晨，日本海军的航空母舰舰载飞机和微型潜艇突然袭击美国海军太平洋舰队在夏威夷基地珍珠港以及美国陆军和海军在欧胡岛上的飞机场的事件。太平洋战争由此爆发。这次袭击最终将美国卷入第二次世界大战，它是继 19 世纪墨西哥战争后第一次另一个国家对美国领土的攻击。

阿拉斯加的主动力装置包括 4 台冲动式高温高压蒸汽轮机和 8 座单烟道燃油锅炉，工作参数很高，超过同期日本舰用蒸汽轮机 50% 左右。为提高军舰的抗沉性，每座锅炉和轮机都布置在独立的水密隔舱内；且锅炉舱和轮机舱交错布局，进一步提高了动力系统的生命力。动力推进装置为4轴4桨、单平衡舵。辅机是4台三相交流汽轮发电机组，另有 4 台应急柴油发电机组。

阿拉斯加级的主要对海打击武器是装备于 3 座三联炮塔里的 9 门 30 厘米 50 倍径 Mk8 主炮。该主炮由怀俄明级战列舰的 Mk7 型主炮发展而来，使用 Mk18 型穿甲弹和 Mk22 型爆破弹。使用穿甲弹时，炮口初速为每秒 760 米，最大射程达 35271 米。经过美国海军军械局测试发现，该型火炮在 1.83 万 ~ 2.74 万米距离上的穿甲能力可达 33 厘米，威力不亚于美国海军旧式战列舰装备的 35.5 厘米火炮，用来对付日军的重巡洋舰绰绰有余。

1944 年底，“阿拉斯加”号和“关岛”号投入现役，然而此时亚洲和太平洋战区上的战局已经明朗化，日本战败只是时间问题。因而它们服役后一直担负为快速航母编队护航的任务，没有任何战绩，舰上强大的武备也只有高射炮真正发挥过作用。

多种使命：莱希级巡洋舰（美国）

莱希级原是美国海军第二代导弹驱逐领舰，1975 年改称导弹巡洋舰。该级舰共建 9 艘，首舰“莱希”号于 1959 年开工，1962 年服役。作为航空母舰编队的组成部分，莱希级用于直接护卫航母，首要使命是防空作战，其次是反潜，同时还可用于支援两栖作战。

“莱希”级采用长艏楼舰型，艏部平直倾斜，艏部下方设有球鼻首声呐导流罩。为了防止烟害对武器和电子设备的腐蚀，莱希级首次

莱希级巡洋舰

采用烟囱和桅杆一体化结构。

莱希级的动力装置采用2台蒸汽轮机，蒸汽轮机使用了铬钼和镍合金钢材料，适合在高温、高压的恶劣环境下工作，且重量较轻、可靠性较好。

莱希级舰上舰空、舰舰和反潜导弹一应俱全：2座四联装“鱼叉”舰舰导弹、2座MK-10型SM-2ER“标准”舰空导弹、1座八联装MK-16“阿斯洛克”反潜导弹，同时在舰中部两侧还布置了2坐MK-32型鱼雷发射装置。此外，设有2座30毫米“密集阵”近程防御武器系统。该级舰电子设备齐全、通信能力强。

“里夫斯”号是莱希级最后一舰，自1964年5月开始服役。该舰曾在1969年4月退役，却又于1970年8月重新入役，后在1973～1982年间多次进行大修，安装新武器系统和电子设备，实现了指挥通信系统自动化。1979年2月，“里夫斯”号在夏威夷海域作导弹射击演习时，以“小猎犬”防空导弹迎击11个来袭空中目标，命中10个，创造了“小猎犬”导弹命中率的最高纪录。

大洋杀手：光荣级导弹巡洋舰（苏联）

光荣级导弹巡洋舰继卡拉级之后被建造出来，于1983年在黑海海域首次亮相。该舰最初被西方情报界称为“BlackCom1”级，也就是后来人们所熟知的克拉辛那级，但按照首舰命名的习惯被称为光荣级。“光荣”号(现称“莫斯科”号)于1976年在尼古拉耶夫造船厂开始建造，1979年下水，经过大量试验之后于1983年服役。

从光荣级战舰的舰体可以看出，它的设计源于卡拉级大型反潜舰，

“光荣”级导弹巡洋舰

增加了战舰长度以便留出空间装备新的武器系统。此外，这种比卡拉级更大的尺寸也提高了战舰的稳定性，同时还可以增加雷达天线杆的高度。装备的两个烟囱能够彻底排出燃气涡轮推进系统所产生的废气。

光荣级导弹巡洋舰的首柱前倾斜度较大，这可以减小前甲板淹湿；舰体外倾，可以进一步改善舰艇的耐波性。光荣级导弹巡洋舰区别于其他大型舰艇的一个显著标志是，它采用“三岛式”设计方法，上层建筑分为首、中、尾不相连接的三段，有利于武备、舱室的均衡布置和提高舰艇的稳性。

在光荣级导弹巡洋舰的中部上层建筑前端平台上设有2部“椴木棰”火控雷达，用于控制舰中部两舷的近防炮；其桅杆（后桅杆）上则设有1部“顶对”对空搜索三坐标雷达，此外，在该桅杆两侧还集中设置有各种电子战设备，用于控制诱饵发射系统，实施电子对抗或干扰敌方掠海飞行的导弹。

光荣级舰以先进的全燃联合动力装置作为推进系统，包括4台功率为64.68兆瓦的加速机和2台功率14.7兆瓦的巡航机。光荣级导弹巡洋舰在巡航速度航行时，可使用2台巡航机工作；如果在快速航行时，可使用4台加速机工作；倘若是高速航行时，可同时使用6台燃气轮机工作。光荣级导弹巡洋舰的全燃联合动力装置的各台机器之间转换灵活方便，既满足高速航行需要，又满足低速航行时节省燃油的要求，具有经济、可靠、续航力高等优点。

海上强盗:“吉野”号巡洋舰(英国)

“吉野”号巡洋舰由英国阿姆斯特朗兵工厂制造，1892年1月3日开工，同年12月20日下水，1893年9月30日建成。“吉野”号是当时世界上航速最快的水面军舰，航速高达惊人的23节，速度比当时中国海军巡洋舰快一到两个数量级。“吉野”号不仅航速快，而且战斗力在当时也是世界一流。1891年，日本海军大臣桦山资纪在海军扩张案中正式向英国提出订购“吉野”号巡洋舰。

“吉野”舰装备了大量大口径

“吉野”号巡洋舰(模型)

速射炮。主炮选用4门英国阿姆斯特朗公司生产的40倍口径速射炮，火炮膛长6096毫米，弹头重45.4千克，初速671米/秒，有效射程8600米，射速7发/分钟。主炮2门分别安装在军舰首尾楼甲板上，另外2门的安装位置则比较特殊，分别布置在艏楼末端主甲板两侧的耳台内，船头对敌作战时，可获得最大火力。

“吉野”号的独特设计，也是识别“吉野”的重要外观特征，为了使安装在耳台内的这2门200毫米炮的前向射界更为开阔，艏楼尾部各向内侧削去了一块。军舰两舷至尾楼之间还设计8个耳台，各配置1门40倍口径速射炮，形成了密集的舷侧火力，这些速射炮同样是英国阿姆斯特朗公司制造，膛长4801毫米，弹重18.1千克，初速467米/秒，有效射程7000米。这些大口径速射炮均采用了厚度为11厘米的后部敞开式炮罩进行防护。

1904年5月10日，日俄争夺旅顺口的战争爆发。“吉野”号被编进了防护巡洋舰战队，配合主力舰队参加对旅顺口俄国舰队的围攻和封锁。5月15日中午1时，封锁旅顺的五艘日舰开始返航。返航途中它们遇到浓雾，在浓雾中，军舰竟驶进了俄国人布设的雷区。22时50分，日本“初獭”号巡洋舰首先触雷爆炸。其他各舰纷纷放下舢板去抢救舰员，并冒着危险向“初獭”号靠近。不久“八岛”号巡洋舰在“初獭”号触雷线上接连触发两枚水雷，海水大量涌入，两艘日舰同时燃起了大火，舰上日军乱成一团。

你知道吗

什么是水雷

水雷是一种布设在水中的爆炸性武器，它可由舰船的机械碰撞或由其他非接触式因素（如磁性、噪音、水压等）的作用而起爆，用于毁伤敌方舰船或阻碍其活动。水雷具有价格低廉、威力巨大、布放简便、发现和扫除困难、作用灵活的特点。

“吉野”号此时就在附近，听到水雷爆炸万分惊慌，在浓雾中想尽快撤离到安全区，结果被正在高速航行的“春日”号巡洋舰拦腰撞中右舷中央。一声巨响后，“吉野”号右舷出现一个10多米的大口子，一时之间，海水大量涌入，舰体严重倾斜，很快沉没。

第三节　海底幽灵——潜艇

潜艇的问世与发展

1801年，爱尔兰裔的美国人罗伯特·富尔顿为法国建造了一艘小巧玲珑的潜艇，名叫“虹鱼”号。该艇长约7米，形状像子弹，艇体为铁架铜壳，设有水柜，能使艇沉、浮。艇上还有一台手摇螺旋桨，保证水下航行，还有一根可以折叠的桅杆，并装有风帆，用于在水上借风航行。它使用的武器是水雷。这条潜艇从材料、设备到武器，都比“海龟”艇有较大改进，所以它比“海龟”艇潜得更深、攻击威力更大。该艇携带2枚水雷，由4人操纵，能潜到水下八九米深处。潜艇上还贮藏有压缩空气，可供在水下停留8小时。该潜艇曾经携带了20磅重的水雷去攻击一艘小船，但没有取得战斗效果。因此，拿破仑称富尔顿为诈骗钱财的“骗子”而加以耻笑。富尔顿便投奔英国政府。在当时英国首相皮特的支持下，又建成了一艘携带有水雷的潜艇，并对一艘200吨的丹麦帆船“多罗西亚”号进行袭击，并将之炸沉了。

早期的潜艇

19世纪中叶，德国人威廉·鲍尔，对罗伯特·富尔顿制造的潜艇加以改进，建成了“火焰”号潜艇，艇上装有一对踏车作为动力，就像现在的自行车一样，用脚踏飞轮，带动螺旋桨转动，使艇前进。该艇在一次试验中，因操纵失灵，一头扎进海底，3名艇员差一点丢了性命。

19世纪60年代，美国爆发了“南北战争”。南军建造了一艘“亨利”号潜艇，艇长约12米，呈雪茄形，用8人摇动螺旋桨前进。航速4节，使用水雷作武器。1863年10月的一个夜晚，“亨利”号潜艇袭击了北军的“克伦威尔”号铁甲舰，使铁甲舰受了伤。1864年2月17日傍晚，南军又使用“亨利”号艇用长竿水雷炸沉了北军一艘巡洋舰“豪萨托尼克”号，首创潜艇击沉军舰的战例。

1863年，法国建造了一艘“潜水员”号潜艇，艇长42.7米，排水量达420吨，安装了功率为58.8千瓦的压缩空气发动机作为动力，航速为2.4节，能在水下潜航3小时，下潜深度为12米。由于这艘艇在水下航行时的稳定性能差，而没有得到实际的应用。只有到1881年爱尔兰籍美国人霍兰，在潜艇上安装了升降舵，才解决了潜艇水下航行的稳定性问题。

最早的蓄电池潜艇出现于1886年，由两名英国人设计，命名为“鹦鹉螺”号。它用2台33.075千瓦的电动机来推进，由蓄电池供给电力。速度6～8节，航程128.7千米。这种蓄电池潜艇引起了世界各国的注意，许多国家的海军纷纷制造。

1893年，法国也建成了一艘“吉姆诺德”号蓄电池潜艇。不久，法国海军又建造了一艘更大的蓄电池潜艇“古斯塔夫·齐德”号，艇长45.7米，排水量266吨。

为了使潜艇的发展处于领先地位，法国海军于1896年进行了一次潜艇设计竞赛。结果，促使一艘更完善的蓄电池潜艇“纳维尔”号于1899年建成。

“纳维尔”号潜艇有双层艇壳，水面上用蒸汽机航行，速度为11节。艇员及装备都在耐压的内壳中。压载水舱装在内外壳之间。压载水舱注水后潜艇就下潜到水中，将压载

浮在水面上的潜艇

水舱中的水排出，潜艇就会浮出水面。该潜艇具备较好的潜浮性能和航海性能。水下航行时，用电动机螺旋桨推进，蓄电池供给电动机电力。水下航行速度8节。由蒸汽机带动发电机给蓄电池充电。“纳维尔”号潜艇集中了当时各艘潜艇的优点。潜浮自如，成了现代潜艇的雏形。

1897年，美国海军建成“霍兰VI”号潜艇：水面使用33千瓦的汽油机动力装置，航速7节，续航力达到1000海里；水下使用电动机为动力，航速5节，续航力50海里。这是潜艇使用双推进系统的开始。

早期潜艇使用的武器，主要是艇体上挂带的定时引爆炸药包或水雷。1881年建成的“诺德费尔特”号潜艇，首次装备了鱼雷发射管。同年，美国海军建造的“霍兰Ⅱ”号潜艇上安装了能在水下发射鱼雷的鱼雷发射管，这是潜艇发展史上的一次飞跃。

20世纪初，潜艇装备逐步完善，性能逐渐提高，出现了一批具备一定实战能力的潜艇。这些潜艇采用双层壳体，具有良好的适航性，排水量为数百吨，使用柴油机电动机双推进系统，水面航速约10～15节，水下航速6～8节，续航力明显提高；武器主要有火炮、水雷和鱼雷。第一次世界大战前夕，各主要海军国共拥有潜艇260余艘，成为海军重要作战兵力之一。

经过战争洗礼的潜艇

第一次世界大战一开始，潜艇就投入到大规模的海战中。德国出动了10艘潜艇到赫尔果兰湾一带海区作战，英国的潜艇、水面舰艇也投入了战斗。1914年9月22日，德国一艘U9号潜艇在1小时15分钟内，用6条鱼雷击沉了英国3艘各为1.2万吨的巡洋舰“阿布柯”号、“藿格”号和“克雷西”号，充分显示了潜艇的作战威力。用潜艇攻击商船的效果更是卓著。如1917年1月，德国潜艇击沉协约国船只的吨位超过了30万吨，4月份高达85万吨。这些数字充分显示了潜艇的威力。在大战期间，各国潜艇共击沉192艘战斗舰艇，击沉5万余艘商船，计1400万吨。此时反潜战开始受到重视，战争期间，潜艇被击沉265艘，其中德国就损失了200余艘潜艇。

由于潜艇在海战中发挥了强大威力，各国海军都很重视它的发展，建造潜艇的国家越来越多，潜艇的数量也一天天增加。第一次世界大战后，各主要海军国家都积极发展

早期的德国潜艇

潜艇，到第二次世界大战前夕，共有潜艇600余艘。第二次世界大战期间，潜艇的战术技术性能又有很大改进：排水量增加到2000余吨，下潜深度100～200米，水下最大航速7～10节，水面航速16～20节，续航力达1万余海里，自给力1～2个月，装有6～10个鱼雷发射管，可携带20余枚鱼雷，并安装1～2门火炮。大战后期，潜艇装备了雷达、雷达侦察仪和自导鱼雷，德国潜艇还安装了用于柴油机水下工作的通气管。潜艇的战斗活动几乎遍及各大洋，担负攻击运输舰船、水面战斗舰艇和侦察、运输、反潜、布雷并运送侦察、爆破人员登陆等任务。大战中共击沉了运输船5000多艘(计2000多万吨)，击沉大中型水面舰艇300余艘。大战中反潜兵力和兵器也得到很大发展，被击沉的潜艇达到1100多艘。

第二次世界大战后，世界各国海军十分重视新型潜艇的研制。核动力战略导弹的运用，使潜艇发展进入一个新阶段。1955年，美国建成的世界上第一艘核动力潜艇“鹦鹉螺”号正式服役，水下航速增大一倍多,而且能长时间在水下航行，1958年，该艇首次成功地在冰层下穿越北极。1959年前后，苏联建成核动力潜艇。1960年，美国又建成了“北极星”战略导弹潜艇“乔治·华盛顿”号，并在水下成功地发射“北极星”弹道导弹，射程2000余千米。弹道导弹核潜艇的出现，使潜艇的作用发生了根本性变化，它已成为活动于水下的战略核打击力量。此后，英国、法国和中国也相继建成核动力战略导弹潜艇和核动力攻击潜艇。20世纪80年代，核动力潜艇排水量已增大到2.6万余吨，装备有弹道导弹、巡航导弹、鱼雷等武器，水下航速20～42节，下潜深度300～900米，续航力、隐蔽性、机动性和突击威力大为提高。1982年，英国和阿根廷在马尔维纳斯(福克兰)群岛海战中，英国海军核动力攻击潜艇“征服者”号，于5月2日用鱼雷击沉阿根廷海军巡洋舰“贝尔格拉诺将军”号，这是核动力潜艇击沉水面战斗舰艇的首次战例。20世纪80年代末，世界上近40个国家和地区，共拥有各种类型潜艇900余艘。

核动力潜艇

你知道吗

核动力潜艇

核潜艇是核动力潜艇的简称，核潜艇的动力装置是核反应堆。世界上第一艘核潜艇是美国的“鹦鹉螺”号，1957年1月17日开始试航，它宣告了核动力潜艇的诞生。目前全世界公开宣称拥有核潜艇的国家有6个，分别为：美国、俄罗斯、中国、英国、法国、印度。其中美国和俄罗斯拥有核潜艇最多。核潜艇的出现和核战略导弹的运用，使潜艇发展进入一个新阶段。

今后潜艇在高新技术的推动下，将进一步增大潜艇的下潜深度；发展潜艇大功率核反应堆，以提高潜艇的水下航速，延长堆芯使用寿命，提高在航时间；常规动力潜艇主要是增大蓄电池容量，研制性能良好的氢氧燃料电池、钠硫电池和超导电机，以提高潜艇的水下活动性；装备高效能的综合声呐、拖曳声呐和水声对抗设备，以增大潜艇的水下探测距离和提高水声对抗能力；提高导弹的射程、命中精度、打击威力和分导多弹头等抗反导能力；提高鱼雷的航速、航程和航深，并使其实现智能化；进一步提高潜艇的驾驶、探测、武器和动力系统以及其他设备的操纵自动化水平等。

著名潜艇一览

世界之最：214型常规潜艇（德国）

214型常规潜艇是德国在209级潜艇的基础上研制设计出的新一代潜艇，该潜艇不仅继承了德国霍瓦兹德意志船厂建造的所有潜艇的优点，而且还吸取了多年来在建造潜艇中积累下来的宝贵经验和教训。214型潜艇较高的有效负载和优异的隐身性能，使得它可以满足当今在浅海和深海中的各种作战需求。

214型常规潜艇

你知道吗

什么是常规潜艇

常规潜艇是用柴油机作为动力源，边航行边带动发电机给电池充电的。由于柴油机工作需要大量的氧气，因此只有在水面状态、半潜状态和通气管状态航行时才能充电。由于潜艇充电时处于暴露状态，因此一般是在夜间或低威胁海区进行充电。这样，在作战情况下一天24小时中，白天在水下潜航，夜间浮起充电。由于目前水下通信问题还没有完全解决，因此潜艇只能按计划以按时间协同或按海区协同的方式配合水面舰艇作战。

214型潜艇续航力为50天，在执行任务过程中，可以数次以16～20节的冲刺速度航行几个小时，从而能够在作战过程中迅速赶赴或离开战场，完成任务后可以迅速恢复到超安静潜航状态，整个过程不需浮出水面或对电池进行再充电。巡航和声呐截听速度为2～6节，此时可以单独由燃料电池驱动。214型潜艇的水下续航力由所携载的燃料数量决定，一般来说，一次装载燃料后可连续潜航3个星期而不需上浮通气。自噪声较小，信号特征较低，自身声呐系统工作在低频波段，被探测的可能性很小。

214型潜艇艏部有8具可发射各种类型鱼雷的全尺寸鱼雷发射管。Ⅲ、Ⅳ、Ⅶ和Ⅷ号鱼雷发射管还装备了一套与212级和“海豚”级类似的用来发射导弹的导弹发射系统。8具鱼雷发射管可以实现快速再装填。214型潜艇总共可以携载16枚重型鱼雷，还可在必要时换装水雷和导弹。

214型潜艇携载了模块化的、灵活的、先进的武器和传感器系统，还由其不依赖空气的动力装置，大大增加了其水下续航力，减少了暴露率，提高了隐身性能。该级潜艇不仅适用于近海浅水水域的作战，同时可以远洋作战。具体可以执行反舰和反潜、侦察、搜索、布放水雷、监视、搜集情报以及一般性训练和作战行动。

因214型潜艇是在209级和212级潜艇的基础上发展而来的，它不仅吸收了两级潜艇的优点，还吸取了后来水下防御技术的最新成果，所以该级潜艇在很大程度上代表了当今常规潜艇的先进水平。

“台风”级核潜艇

神龙再现:“台风”级核潜艇(苏联)

“台风”级核潜艇是苏联时期制造最大的弹道导弹潜艇，同时也是到目前为止世界上最大的潜艇。这种潜艇一共有6艘，它属于典型的冷战产物，其体积几乎是它的对手——美国“俄亥俄”级的两倍。

“台风”级核潜艇内部总共被分成了19个舱室，从横剖面看它呈“品”字形布局，并且在主耐压艇体、耐压中央舱段和鱼雷舱使用的都是钛合金材料，其余部分则都用的是消磁高强度钢材。这确保了就算是北极的2~3米厚度的冰也可以被轻易破开。

“台风”级核潜艇弹道导弹发射筒被布置在了指挥台围壳的前方，这样可以减轻发射导弹时与轮机一起产生的震动程度，从而保证安静程度和缩短发射间隔。耐压艇体部分则用“德尔塔Ⅳ级”核潜艇的消声瓦，非耐压部分使用一种特制的橡胶水声消音瓦，从而让这个庞然大物在水下遁形。台风级的工噪是苏联弹道导弹潜艇中最低的，稍逊于只有它体积一半的“俄亥俄”级。

“台风”级核潜艇的主武器是P-39弹道导弹，还装备了533毫米鱼雷管和650毫米鱼雷管等自卫武器、常规鱼雷、SS-N-15反潜导弹、“风暴”空泡鱼雷都可由533毫米鱼雷发射管发射。同时还装备了可由650毫米鱼雷发射管发射的SS-N-16反潜导弹。并且俄罗斯还为“台风”级和以后的“北风之神”级研制并装备了潜射防空导弹，并可由鱼雷管发射。

潜艇之王：“俄亥俄”级核潜艇（美国）

“俄亥俄”级核潜艇是美国发展的弹道导弹核潜艇，作为美国海军建造过的最大型潜艇，其排水量和体积在全球范围内仅次于俄罗斯的“台风”级核潜艇。就整体性能而言，它是当今世界上最先进的弹道导弹核潜艇，被誉为当代“潜艇之王”。

“俄亥俄”级核潜艇是在20世纪60年代开始研制的一级核潜艇。主要是因为苏联海军的崛起，反潜兵力的增强，美国当时在役的“海神”导弹核潜艇受到了威胁。由于“海神”只有4600千米的导弹射程，必须要靠近欧亚大陆海域才能攻击到苏联，所以美国海军急需发展射程更远的水下远程弹道导弹。

“俄亥俄”级潜艇采用的是近似于水滴形的艇体外形，长宽比是13.3∶1，影响到了其流体动力性能，

“俄亥俄”级核潜艇

水下航速不太高。艇体大部分采用的是单壳体结构，约占艇体总长度的60%，在结构与布置等方面均与众不同，艇体首、尾部是非耐压壳体，中部为耐压壳体，耐压艇体分为四大舱：指挥舱、导弹舱、反应堆舱和主辅机舱。

“俄亥俄”级潜艇采用了当时最先进的声隐身措施，使用了一系列措施来降低噪声；并且高性能的观通设备，使得潜艇可以在高海情和高噪声环境的海域活动，增加敌方反潜探测的复杂化，不易被敌发现；装备了AN / BQQ-6综合声呐系统，大大提高了先敌发现目标的能力，有利于尽早规避或机动。

“俄亥俄”级核潜艇上安装了24个垂直导弹发射管，在前8艘的帆罩后方配备了24枚“三叉戟”－Ⅰ型导弹，等到建造“田纳西”号时则改为“三叉戟-II型”导弹，这种导弹在1990年3月在“俄亥俄”级上完成首次战斗巡航，前8艘后来也改装了“三叉戟”-II型导弹。“三叉戟”-II型导弹的最大射程在1.2万千米以上，命中精度90米，每枚导弹最多携载12颗弹头。一艘“俄亥俄”级核潜艇上携带的24枚导弹，在半小时内摧毁对方200~300个大中型城市或重要的战略目标。除弹道导弹外，各舰另备有4具533毫米鱼雷发射管，可发射MK48鱼雷以供自卫。

第四节　海上霸主——航空母舰

航空母舰的诞生

1914年，第二次世界大战爆发。各参战国都加快了对作战飞机和航空母舰的研究。第一次世界大战期间，德国的潜艇对英、法、俄、美等国的商船和军舰造成了严重威胁，使其损失惨重，迫使英、法、美等国建造了大量的反潜舰艇，并几乎在所有水面舰艇上都装上反潜武器，同德国潜艇的疯狂进攻进行斗争。虽然这些措施取得了较明显的效果，但由于水面舰艇搜索水下潜艇的能力很弱，单靠水面舰艇反潜远不能从根本上解决问题。就在这时人们发现，利用飞机在空中搜索和攻击潜艇的能力远优于各种水面舰艇，从而激发了各国海军对飞机进行研究和改进的浓厚兴趣，同时也加快了航空母舰研制的进程。

英国海军建造的第一艘真正的水上飞机母舰，是1914年将一艘运煤船改装成的“皇家方舟”号水上飞机母舰。它的排水量7450吨，航速10.6节，可搭载10架肖特式水上飞机。该舰服役不久即参加了地中海作战。当“皇家方舟”号尚未竣工的时候，英国海军部就征用了三艘渡轮改装成水上飞机母舰，每艘搭载4 ~ 6架水上飞机。改装成三艘水上飞机母舰之后，英国海军部又征用了三艘比前三艘大的商船改装成水上飞机母舰。其中“澎米克利”号排水量3888吨，航速24.5节，搭载水上飞机4架。1915年6月，该舰被派到地中海作战。同年8月12日，该舰搭载一架肖特-184型水上飞机在马尔马拉海投下了一枚355毫米鱼雷，击沉一艘土耳其补给船，从而开创了舰载机用鱼雷击沉敌舰的战例。该舰于 1917 年 1 月在土耳其南部遭岸炮轰击而沉没。“文德克斯”号水上飞机母舰于 1915 年服役，舰上还铺设有供轮式飞机起飞的跑道，排水量 2950 吨，航速 23 节，载机 7 架。同年 11 月 3 日，该舰的一个名叫托勒的上尉飞行员，驾驶一架轮式飞机首次从母舰的飞行甲板上直接起飞去攻击德国的飞艇。第一次世界大战中，英国海军部还将几艘商船改装成水上飞机母舰。这些水上飞机母舰在第一次大战中曾多次执行过作战任务。

第一次世界大战中，德国水上飞机和气囊飞艇经常从北海特纳港起飞轰炸英国伦敦等地。为消除这一心头大患，英国皇家海军决心仿效美国海军的做法，用航空母舰舰载机去摧毁它。

1917 年 3 月，英国海军部决定将一艘正在建造的“暴怒”号浅吃水支援舰改装成航空母舰，舰艏不安装 457 毫米超大口径主炮，将其炮塔和弹药库的位置改作飞机库，机库的顶篷设置 69.5 米长的飞行甲板，并直达舰艏。该舰排水量 19513 吨，航速 31.5 节，搭载轮式飞机 10 架，舰员 880 人。同年，该舰改装完工，随即进行轮式飞机的起飞和降落试验。第一次轮式飞机起飞和降落试验获得成功，但第二次起飞后再降落时，却发生了机毁人亡的事故。同年 11 月，“暴怒”

英国“皇家方舟”号航空母舰

现代新型航空母舰

号奉命回厂改装，又撤除了尾部的457毫米主炮炮塔，铺设成86.6米长、21.3米宽的飞行甲板。这样，“暴怒”号的艏部为起飞甲板，艉部为降落甲板，中部为烟囱和上层建筑。两段飞行甲板下都设有机库。机库的两舷有通道使两个机库相通。飞机进出机库由两部升降机完成。

1918年7月19日，“暴怒”号航空母舰在多艘战舰的护卫下，驶入北海，乘风破浪向东，去执行一项偷袭任务。当这支世界上最早的航空母舰编队驶近日德兰半岛时，6架“索普威思骆驼”式飞机迎风而起，猛烈轰炸了德国的北海特纳港飞机库，当即有2架“齐柏林”式飞艇被击毁，机库也遭受严重破坏。由于德军地面炮火的顽强抗击，有4架“索普威思骆驼”式飞机未能返回航空母舰。尽管此次战斗与以后的航空母舰舰载机攻击相比，偷袭战果不大，但却是海战史上航空母舰的首次参战，同时也开创了航空母舰舰载机偷袭地面目标的新战法。

接下来，“暴怒”号又进行了彻底的改建，但始终不尽如人意。然而，紧随其后服役的却是世界上第一艘真正意义上的“飞行平台”——航空母舰，它就是“百眼巨人”号。

“百眼巨人”号的前身是一艘

中途停工的意大利商船，后来被英国人购买过来进行改建，建成一艘拥有一条伞通式飞行甲板的航空母舰。

你知道吗

奇怪的“冰航母”

第二次世界大战的困境激发了英国人的想象力，他们完成了“冰航母”的图纸，制作了模型，并把这个怪物命名为“哈巴库克”号。1943年5月，这些专家小组在加拿大落基山脉下的帕特里夏湖开始建造冰制试验品。一个月后，一艘长20米，外面贴着木板，内舱壁涂有沥青、船体上凿着管道状通风孔的模型问世了。神奇的是，这艘“冰航母”竟然安然地度过了火热的夏天而没有融化。

就在第一次世界大战的最后一年，美国海军的一支战舰中队与英国皇家海军大舰队并肩作战，它们的指挥官们很快意识到航空母舰的巨大价值。美国海军订购了大型运煤船“木星”号进行改造，建成了“兰利”号航空母舰，舷号定为CV-1。“兰利”号被舰员们戏谑地称为“大篷车”。它有一条全通式的飞行甲板，2座铰链式烟囱布置在左舷位置。以前的运煤舱被改装成了操作舱、住宿舱和库房，原来的上层甲板成了机库。服役之后的“兰利”号，航速仅有14节，比当时的作战舰队慢了大约7节。尽管如此，该舰仍然被美国海军视若珍宝。

令人瞠目结舌的战斗力

如果单从一艘航空母舰本身来说，它只是海上一个巨大的作战平台，它是舰载机的载体，整体作战功能远远不足，需要其他舰只弥补其功能的不足，以形成一个完整的战斗群。随着精确制导武器的出现，对航空母舰的威胁愈来愈大，对航空母舰的防护能力提出了更高的要求。因此，航空母舰均以编队形式活动于海上。

以美军为例，其航空母舰编队的编成，一般根据使命、任务、作战对象的不同而分成单航空母舰战斗群、双航空母舰战斗群和三航空母舰战斗群。

单航空母舰战斗群：一般在低威胁区巡逻或展示武力时采用。通常以1艘航空母舰为核心，并配有4艘防空型导弹巡洋舰、4艘反潜型驱逐舰和1～2艘攻击型核潜艇。据计算，1个单航空母舰战斗群的舰载机可控制海空域面积800 ~ 1000平方千米。如果4个单航空母舰战斗群协同作战，其可控海空域面积则达96万平方千米以上。

双航空母舰战斗群：一般在中等威胁区实施威慑、制止危机和参与低强度战争时采用。通常配以8艘防空型巡洋舰和驱逐舰、8艘反潜型驱逐舰、护卫舰和2 ~ 4艘攻击型核潜艇。双航空母舰战斗群通常采用远、中、近三层火力配系，这种配系使航空母舰的作战能力、生存能力大为提高。

三航空母舰战斗群：一般在高威胁区参与局部战争或大规模常规战争时使用。通常以3艘航空母舰为核心，配以9艘防空型导弹巡洋舰和驱逐舰、14艘反潜型驱逐舰、护卫舰和5 ~ 6艘攻击型核潜艇，其火力配系与双航空母舰战斗群基本相近，只是作战威力和防御能力更强，具有更为强大的威慑能力。

以美国为例：美军航空母舰舰载航空兵群的规模，将随作战使命和战区情况随机变化。通常每艘航空母舰（“尼米兹”级核动力航空母舰）配有攻击机(A–6E)12架，轻型

航空母舰战斗群

英国“皇家方舟”号航空母舰

攻击机(A–7E)24架，战斗机(F–14或F / A–18)24架，反潜机(S–3A)10架，预警机(E–2C)4架，电子战机(EA–6B)4架，加油机(KA–6D)4架，侦察机(RF–14A)3架，直升机(SH–60B)6 ~ 8架，飞机总数达91 ~ 93架。

著名航母一览

航母之祖：“皇家方舟”号航空母舰（英国）

20世纪30年代，各国列强为争夺海上霸权，疯狂扩充海军。英国为保持对其他国家海军的绝对优势，在不断建造大型战列舰的同时，决定专门设计建造新式舰队航空母舰，由于英国是最早开发和研制航空母舰的国家，在这方面积累了丰富的经验，所以决定要设计出当时最先进的航空母舰。

1934年，皇家海军批准拨款建造一艘，起初命名为“木星”号，1935年9月16日开工，1937年4月13日下水时，正式被命名为“皇家方舟”号。1938年11月16日，该舰完工。

“皇家方舟”号的设计非常成功，它是英国皇家海军在“二战”之前建成的一艘最具现代航母特征的军舰。

“皇家方舟”号采用了全通式飞行甲板、右舷侧岛式上层建筑、飞机弹射装置和拦阻装置以及各种起降设备等先进的设计，使其成为了皇家海军后续建造航空母舰样板。

由于《华盛顿条约》对航空母舰标准排水量的限制,使“皇家方舟”号在设计工作中有很多顾虑。首先设计时考虑在不增加排水量的条件下，为给航母提供最大面积的飞行甲板,在舰首和舰尾各装了外伸板，并各自向外向下弯，在后来的首次着舰试验时飞行员也证实了它着舰非常平稳。

“皇家方舟”号考虑到大西洋的恶劣海况，舰体采用高干舷，舰首设计成封闭型，两层封闭式机库包括在舰体结构中，并将飞行甲板(钢质)作为强力甲板，是船体的上桁材。这是英国与同期美、日设计的航空母舰不同之处。这种结构只能配置小型升降机，升降机较窄，运往机库飞机都必须事先把机翼折叠起来。拥有三部升降机，升降机有两个平台在飞行甲板与两层机库之间分别运行，作业比较繁琐。飞行甲板在舰首和舰尾加装了向下倾斜的外伸板，尽量扩大飞行甲板面积。前端安装两台液压式弹射器，舰桥、烟囱一体化的岛式上层建筑位于右舷。设计岛式上层建筑时利用空气动力学因素以减少湍流。侧舷以及下层机库甲板等要害部位铺设有装甲，可抵御500磅炸弹的攻击。建造过程中，舰体大量采用焊接工艺以节省结构重量。

“皇家方舟”号虽然最终在战斗中被击沉，但它精心的设计和合理的布局使它被誉为“现代航母的原型”。从“暴怒”号到“百眼巨人”号再到“皇家方舟”号，英国海军航母一直走在世界各国的前列。英军后来又参照“皇家方舟”号的设计建造了“光辉”级航空母舰。

红色霸主：“基辅”级航空母舰(苏联)

“基辅”级是苏联的第二代航母，属于中型航母，可以起降固定翼飞机。该航母长273米，宽47.2米，标准排水量3.2万吨，满载排水量3.71万吨，4台蒸汽轮机，总功率10.29万千瓦，航速32节，18节时续航力1.3万海里。

“基辅”级共建造了4艘，分别是：第一艘“基辅”号，1143级，1970年7月21日在尼古拉耶夫船厂开工，1972年12月27日下水，1975年1月3日服役，1993年1月退出现役，被卖到中国改为游乐设施；第二艘“明斯克”号，1143.2级，1972年12月29日在明斯克船厂开工，1975年9月30日下水，1978年9月28日服役，1993年1月退出现役，被卖到中国改为游乐设施；

第三艘“新罗西斯克”号，1143.3级，1975年9月30日在尼古拉耶夫船厂开工，1978年12月24日下水，1982年9月12日服役，1993年1月退出现役；第四艘“戈尔什科夫”号，原名“巴库”号，1143.4级，1978年12月在尼古拉耶夫船厂开工，1982年4月17日下水，1987年1月服役，1994年在一场大火之后便始终处于搁置状态，改装后被卖到印度。

“基辅”级航母上装备了大量各型电子设备：1部“顶帆”三坐标对空雷达，1部“顶舵”对空／对海雷达，1部“顶结”归航引导雷达，4部“十字剑”以及“低音帐篷”、“枭叫”火控雷达等，另有“马颚”舰壳声呐和“马尾”拖曳声呐。“戈尔什科夫”号在电子装备上进行了大改进，以1部“天空哨兵”大型相控阵雷达代替了“顶帆”、“顶舵”、“顶结”雷达，但是在舰桥最高处出现了1部“顶板”三坐标值班预警雷达。

除此之外，它还装有SS-N-12反舰导弹、SA-N-3和SA-N-4防空导弹、SUW-N-1反潜导弹以及2座76毫米双联炮和8座6管30毫米自动炮。它的第四艘“戈尔什科夫”号在舰载设备上有了重大改进，舰上装备了相控阵雷达，取消了SA-N-3和SA-N-4防空导弹，改用4组垂直发射的SA-N-9防空导弹，共备弹192枚，大大提高了防空能力。

“基辅”级航空母舰

航母之王：尼米兹级航空母舰

尼米兹级核动力航母是跨世纪的航母，是世界上最先进的航母，具有强大的作战能力。如果与第二次世界大战中的航母相比，它一艘就抵当年10艘航母加在一起的作战能力，因此成为当代“航母之王”。

尼米兹级航母是个庞然大物，飞行甲板有三个足球场那么大，6000人操作，载机达90架。从桅杆顶到舰底，约76米高，相当于20层楼的高度，在海上航行，真像是一座移动的钢铁摩天大楼。

尼米兹级的航速可达35节，仅仅是螺旋桨直径就6.4米，重量11吨，两个舵重量各为45.5吨，两个铁锚更是惊人，重达30吨。锚链每环重量163千克，这铁锚可以说也是世界之最了。一次核料可用13年，航程可达80万~100万海里。

尼米兹级看起来是个庞然大物，因为它要载90架飞机，因此实际上它是个相当拥挤的飞机展馆。它集当今美国海军最先进的各类舰载机为一体。有2个中队20架F–14“熊猫”战斗机，2个中队20架F／A–18大黄蜂战斗攻击机，2个中队20架A–6E“入侵者”攻击机，1个分队6架EA–6B“徘徊者”电子战斗机，一个分队5架E–2C“鹰眼”预警机，1个中队10架S–3A／B“海贼”反潜机。此外还有加油机和其他直升机。

尼米兹航母的防空武器有3座八联装的海麻雀防空导弹，3套火神/密集阵近防武器系统，还有4座箔条/红外诱饵发射装置，各种各样的雷达多达80多部。

尼米兹级具有极高的抗沉性和三防能力。机库以下采用整体箱式结构，从双层舰底至机库甲板间分为8层，设置多道横向水密舱壁。这种结构是吸取了“二战”中的教训，沉没航母70%均系被鱼雷炸弹命中所致。水线下有道能承受300千克炸药爆炸的防雷隔舱，全舰水线下有2000多个水密舱，像个蜂窝，即使被命中几枚鱼雷和导弹也不会沉没。舰上还装有抗击导弹攻

尼米兹级航空母舰

击的弹库保护系统。全舰是封闭式的，具有防核辐射、生物和化学污染的能力。

你知道吗

什么是防空导弹

防空导弹是指由地面、舰船或者潜艇发射，拦截空中目标的导弹，西方也称之为面空导弹。由于大多数空中目标速度高、机动性大，故防空导弹绝大多数为轴对称布局的有翼导弹；动力装置多采用固体火箭发动机，也可以采用液体火箭发动机、冲压式空气喷气发动机和火箭冲压发动机；从40年代初德国开始研究至今，世界上的防空导弹已研制了三代，目前还在发展第四代。据不完全统计，已研制的型号达120余种，其中装备部队90多种，正在研制的有20多种。

因尼米兹级造价昂贵，装备精良，因此它不轻易出动，参加战斗也较少，不到万不得已时，是不出动的。它一出动就要护航舰队前呼后拥地“保驾”。它需要1～2艘最先进的巡洋舰、4～6艘最先进的驱逐舰、1～2艘补给船配合，水下还要有核潜艇保护，否则单枪匹马就寸步难行。

第五节 海上多面手——驱逐舰

早期的驱逐舰

在1880~1890年间，西方世界出现了以蒸汽机为动力、功率1470~3000千瓦、排水量400~1500吨的新型军舰。舰上设有大炮，用来轰击鱼雷艇；同时配备有鱼雷，可以攻击敌方巨舰。它被称为“鱼雷炮舰”，是驱逐舰的雏形。

这种鱼雷炮舰的设计思想是不错的，但它的航速偏低，在海战中追不上鱼雷快艇。为了提高航速则需要功率更大、效能更高的蒸汽机。为此，科学家和工程师们开始新的探索和改进，采用水管锅炉和强力鼓风以提高蒸汽参数，增加蒸汽机膨胀级数和气缸数量。高性能蒸汽机的出现为鱼雷炮舰提高航速奠定了基础。

经过造船工程师亚罗等人的努力，英国于1893年建造了世界上最早的驱逐舰“哈沃克”号和“霍纳脱”号。这两艘驱逐舰舰长54.8米，宽5.5米，排水量240吨，航速达到27节，是当时世界上航速最高的军舰，舰上装有4门舰炮和3座鱼雷发射装置。这两艘姊妹舰的建成为“海上霸主”增辉不少，也为驱逐舰这一

鱼雷快艇

新舰种的发展展示了广阔的前景。美国当然不甘落后，在1900年建造了“班布里奇”级驱逐舰。该舰排水量420吨，航速达29节，装备了2艘鱼雷快艇和2门舰炮，成为那时最有威力的驱逐舰。这之后，世界各海军强国又展开了一场驱逐舰的建造竞赛狂潮。至第一次世界大战拉开序幕之际，英、美、德、法、俄等国已造成了600多艘驱逐舰，仅英国就造了200多艘。

为争夺海上霸权而掀起的造舰狂潮不仅使驱逐舰的数量猛增，舰艇战术技术性能也有了大幅度提高。舰体增大，满载排水量达到了1000~1500吨；武器装备增强，一般都装备2~3座鱼雷发射装置、数门射程较远的舰炮。动力装置也有了较大的改进，多数驱逐舰采用了以油为燃料的蒸汽轮机。航速普遍达到30节以上，有的达到了37节。俄罗斯于1916年建造的“义加斯拉夫”号驱逐舰排水量1350吨，航速35节。装备了3座450毫米三联装鱼雷发射装置、5门100毫米舰炮。在那时称得上是海上的庞然大物。

驱逐舰

驱逐舰最初的战斗使命只是打击鱼雷快艇及施放鱼雷攻击敌方大舰。但随海战实践不断提出新的需要，科学技术的进步及武器性能不断提高，驱逐舰的战斗使命也在不断增多。

1935年，意大利进军埃塞俄比亚时出动了大批作战飞机，这使各国海军认识到：航空兵力对海上舰队构成威胁，舰队应有足够的防空力量，除航空母舰上的舰载机之外，驱逐舰也应具有防空能力。至1939年，世界上就出现了配置最先进防空武器的防空驱逐舰。随着深水炸弹的问世，驱逐舰又担负了反潜任务。人们在战争实践中认识到，这种中型军舰无论是布雷、巡逻、护航、登陆支援，都能不辱使命，发挥很大作用。“多面手”的美名在实践中被确认。

但是，驱逐舰战术技术性能的革命性变化还是在装备了导弹之后——导弹驱逐舰的诞生。导弹是射程远、精度高、威力大的精确制导武器；装备着各种导弹的导弹驱逐舰的攻击目标绝不再仅仅是小小的鱼雷艇了。导弹化是当代各国海军装备，也是包括驱逐舰在内的发展趋势，许多国家都取得了惊人的进展。

美国自50年代建造“米彻尔”级导弹驱逐舰之后，又陆续研制了许多舰级。如“伯克”级、“基德”级和“斯普鲁恩斯”级导弹驱逐舰，都是代表当代驱逐舰发展水平的重要部分。

“斯普鲁恩斯”级驱逐舰是美国“全球遏制战略”的产物，是美海军主力驱逐舰的第四代，也是美国第一次采用燃气轮机的驱逐舰。

你知道吗

美国的全球战略

它是美国为争夺世界霸权而提出的战略。在第二次世界大战中，美国的政治、经济、军事实力发展很快，又垄断着原子武器，因而提出称霸世界的全球战略。1947年3月12日提出的杜鲁门主义就是其突出表现。全球战略要求推行实力政策，主张帝国主义国家联合起来，向社会主义国家发动一场全球战争。

美国在战后建造的驱逐舰武备配置讲究有效性，布置密度小，舰面干净利落，便于各种活动，他们对驱逐舰的抗冲击、抗破损、抗侦察、抗振动等多方面的努力，使驱逐舰的生命力居世界领先地位。

在驱逐舰的战术运用上，美国特别重视它为航空母舰编队的护舰作用。一般航母编队至少编入4艘驱逐舰，战列舰特混编队编入3艘驱逐舰，运送作战人员的编队有时达14艘驱逐舰，其行动多是远长距、远洋性的。

苏联也是能够自行设计建造驱逐舰的大国之一。其特点是发展速度惊人，舰体越造越大。苏联的“无畏”级和“现代”级驱逐舰也都是代表当时世界先进水平的舰级。其“无畏”级舰长164米，宽19米，满载排水量8700吨，航速30节。“现代”级舰长156米，宽17米，满载排水量7300吨，航速32节。苏联注重一舰多用，想用它做什么就加装什么武器，而且数量充足。因此，其舰艇的舱面上各种武器林立，安排得很拥挤。

“无畏”级驱逐舰

“二战”后驱逐舰的发展

驱逐舰是第二次世界大战后建造数量多、舰艇战技术性能提高较快的舰种之一。世界上较多的国家都拥有并能建造这种中型舰艇，它成为标志各国海军实力、并反映各国综合科技工业水平的舰种之一。“二战”后，驱逐舰是沿着大舰体、高航速、远洋能力、猛烈火力和高防护力的方向发展、是各国海军舰艇技术竞争的焦点之一。

排水量逐渐增大是“二战”后驱逐舰发展的第一个特点。在“二战”结束时，大型驱逐舰的排水量也只有3000多吨。20世纪70年代，美、英和苏联等国的驱逐舰多数都超过了4000吨，而较新型的驱逐舰，如美国的“斯普鲁恩斯”级满载排水量7800吨，“基德”级和“伯克”级达到8300吨。苏联的“现代”级为7500吨，“无畏”级也达到8700吨。排水量增大必然促成舰长、舰宽的增大，美“斯普鲁恩斯”驱逐舰长171.7米，宽16.8米。苏联“无畏”级舰长163.5米，舰宽18.8米。在这种猛造大型舰的竞争中，使得驱逐舰与巡洋舰的界线变得愈来愈模糊不清。

美国“斯普鲁恩斯”驱逐舰

舰体愈造愈大，却仍要保持30节以上的航速。这对要求机动性较高的中型排水型舰艇来讲，的确是一个较大的难题。苏联满载排水量8700吨的“无畏”级舰，航速也达到了30节。各国海军为提高航速，除努力改善舰型、改良武备以减少搭载重量之外，在改进动力装置方面也下了很大功夫。如提高主机功率和增加主机台数，用燃气轮机代替蒸汽轮机，采用联合动力装置，甚至采用核动力装置。如苏联的“无畏”级舰采用4台燃气轮机作动力装置，总功率达8.826万千瓦。美国的“斯普鲁恩斯”级舰的动力装置由4台LM2500燃气轮机和3台燃气轮机发电机组成，采用双轴推进。而驱逐领舰“班布里奇”号则率先采用了核动力装置。

“二战”后，各国海军普遍把驱逐舰作为参加远洋编队的舰种，再加上更多国家实施“面向远洋”的海军战略，驱逐舰的续航力也愈来愈大。典型舰如美国的“亚当斯”级，以20节航速航行时续航力8000海里；法国F70反潜驱逐舰在18节航速下达8500海里。增大续航力的措施大同小异，如改进动力装置以降低油耗，改进燃油性能，在保证其他舰载物的前提下加大储油量，改进舰型及实施科学的航行方法等。

著名驱逐舰一览

典范之作：“阿利·伯克”级驱逐舰（美国）

世界上第一艘装备“宙斯盾”系统并全面采用隐形设计的驱逐舰是美国的“阿利·伯克”级驱逐舰。它具有高度智能化的武器装备、电子装备，作战能力全面，可以对陆、对海、对空和反潜。“阿利·伯克”级驱逐舰代表了美国海军驱逐舰的最高水平，是当代水面舰艇当之无愧的“代表作”。

“阿利·伯克”级驱逐舰采用了一种少见的宽短线型，这种线型使得它具有极佳的适航性、抗风浪稳性和机动性，从而可以在恶劣海况下保持高速航行，其横摇和纵摇

“阿利·伯克”级驱逐舰

都极小。

“阿利·伯克”级驱逐舰的隐身性能相当良好。这是因为：第一，“阿利·伯克”级驱逐舰的舰体和上层建筑均为倾斜面，可以大幅减弱回波信号；第二，在它的烟囱的排烟管末段安装有红外抑制装置，可以降低红外辐射量；第三，“阿利·伯克”级驱逐舰的机舱段的舰体外表装设有“气幕降噪”管路，可以大幅度降低辐射噪声。

“阿利·伯克”级驱逐舰的作战和通信中心都在主舰体内，重要舱室都敷设了“凯芙拉”装甲；全舰装设了三防用的过滤通风系统；所有舱室都采取增压措施，重要系统均有抗冲击加固，能经受水下和空中爆炸的冲击效应。这种种措施提高了“阿利·伯克”级驱逐舰的生命力，可以减轻战损和在战损情况下保持战斗力。

“阿利·伯克”级驱逐舰的“宙斯盾”系统是它最与众不同的地方。“宙斯盾”系统包括：SPY-1D相控阵雷达、SPG-62防空导弹火控雷达、MK-41导弹垂直发射系统、UYK-43计算机、MK-2显示系统、MK-34火炮武器系统、轻型机载多用途系统及全球定位系统。SPY-1D相控阵雷达是“宙斯盾”系统的核心，它的天线由4块八角形的固定式辐射阵面构成，工作时借助于计算机对各阵面上的发射单元进行360°的相位扫描，它不仅速度快、精度高，而且可以同时搜索和跟踪上百个空中和水面目标。除此之外，SPY-1D相控阵雷达的工作参数可以迅速变换，具有极强的抗干扰能力，还能消除海面杂波的影响，可以有效探测掠海飞行的超低空目标。

不朽经典：“地平线”级驱逐舰（英国、意大利）

地平线级驱逐舰是英国以及意大利联合设计制造的一种新型防空驱逐舰，在英国退出之后，法国和意大利继续执行该计划。

由于近年来，欧洲的大部分国家都纷纷于2015年左右全面更新其武器装备，法国、意大利两国自然也不甘落后。法国和意大利又都是海洋国家，因此，发展海军也就势在必行。但是研制一种新型驱逐舰的耗费较高，而且仅靠本国的技术也不够全面，出于成本和性能等方面的考虑，法国和意大利决定联手研制一种新型驱逐舰。在这种背景下，地平线级驱逐舰应运而生。

地平线级驱逐舰在动力方面，都为2台LM2500燃气轮机和2台柴油机，总功率可达5.1万千瓦，柴燃联合推进，不但大大增强了其续航能力而且最高航速也可以达到29节，此外，由于自动化程度很高，这种7000吨的军舰仅需不到200名官兵即可操作。

地平线级驱逐舰装备的“主防空导弹系统”（PAAMS），由EMPAR雷达、“席尔瓦”（Sylvet）垂直发射系统以及“紫菀”导弹组成。“席尔瓦”垂直发射系统由法国研发，共有A43和A50两种型号。A43型的发射深度较浅，只能装填“紫菀”15导弹。A50型的发射深度较深，不但可以发射“紫菀”15导弹还可以发射“紫菀”30导弹。而且这两者占用的面积都相同，每个发射模块都为8个发射单元。“地平线”采用的A50配置6组发射模块，也就是48个单元，共装有16枚“紫菀”15和32枚“紫菀”30型导弹。

在反舰方面，地平线级装备的是“飞鱼”反舰导弹。法国国防部于2002年10月23日正式批准了MM40Block3增程型“飞鱼”反舰/对陆攻击导弹的研发。

MM40Block3型“飞鱼”反舰导弹以涡轮发动机取代以往使用的火箭发动机，其射程由MM40的75千米大幅增至180千米以上，而且在重量上不增反减，由原来的870千克降至780千克，使得导弹的末段机动性能和突防能力大大增强。

“地平线”级驱逐舰

MM40Block3反舰导弹使用的是“紫菀”防空导弹的向量推力系统，能在发射后立刻转向目标，这使MM40Block3具备兼容于垂直发射系统的潜力。

在反潜作战上，地平线拥有2座三联装鱼雷发射系统，能够发射MU-90324毫米轻型鱼雷。这种鱼雷的航速高达50节，攻击深度达到900米以上，有效射程约为11千米。

航母杀手：“现代”级驱逐舰”（苏联）

“现代”级导弹驱逐舰是苏联海军在20世纪七八十年代冷战高峰期间，为了抗衡美国海军而建造的高性能水面作战舰艇，属于第三代驱逐舰。该级舰的主要任务是为编队护航，担任对海、对空作战任务，攻击敌航母及其他大中型水面舰艇；在两栖作战中实施火力支援；保卫海上交通要道等。

“现代”级使用当时最先进的技术，特别是配备的“耀斑”超音速反舰导弹是舰上的利器，导弹射程为120千米，舰上两舷装有2座四联装发射器。西方称这种导弹是“航空母舰杀手”。

“现代”级驱逐舰1970年由苏联北方设计局设计，1976年完成施工设计后，首舰“现代”号交由列宁格勒日丹诺夫船厂建造，1978年11月下水，1980年12月建成服役。最后一艘1994年服役，共建成19艘。1996年中国向俄罗斯购入两艘新造的“现代”级驱逐舰，总值8亿美元。

“现代”级艏艉甲板各有1座双联装130毫米舰炮。舰上层的建筑分为艏、艉两部分，艏楼两侧各有1座四联装反舰导弹发射筒，其前方突出部上配备1座悬臂式舰空导弹发射架。艏楼顶部的球形雷达天线十分明显。三坐标雷达天线呈草帽状斜挂于主桅之上。艉楼为烟囱，其后设有一低桅，后为直升机平台。

“现代”级导弹驱逐舰

“现代”级驱逐舰的武器系统主要由反舰作战武器、对空作战武器、反潜作战武器三个部分构成。反舰是“现代”级的主要使命，由SS-N-22舰舰导弹、双管130舰炮、鱼雷发射系统和6管小口径舰炮系统组成远、中、近三个层次的反舰作战系统，既能远距离攻击敌方航母等重要编队又能近距离打击中小水面舰艇；防空反导是“现代”级的第二使命，在编队中承担中程防空的任务。它的SA-N-7舰空导弹、双管130毫米口径舰炮、6管小口径舰炮和干扰火箭等组成多层次的软、硬杀伤对空防御系统。舰上还装有电子侦察干扰系统和10座干扰火箭，诱骗来袭导弹；“现代”级强调编队中的系统作战效能，因而本舰反潜能力相对较弱，只装备中频舰壳声呐，由533毫米反潜鱼雷和射程1000米的反潜火箭构成中、近程两个层次的反潜火力。另外舰上载有1架卡-27直升机，主要用于超视距目标指示。

第六节　海洋卫士——护卫舰

护卫舰的早期发展

甲午海战之后，北洋舰队覆灭、国门洞开，日本及世界列强对我国的侵略、掠夺日甚一日。1897年底，沙皇俄国为了“保护中国利益”，派兵进驻旅顺口和大连湾，在岸上构筑大炮，在港内驻泊起舰队。这当然妨碍了日本对中国的利盖，于是其派出强大舰队，于1904年2月8日袭击了沙俄的驻港军舰。此后，日本人不断地伺机进行骚扰，用鱼雷和大炮轰击沙俄驻港舰艇，用水雷和沉船封锁港口。使得沙皇俄国的军舰不能顺利进出港口，对俄国海军构成很大威胁。面对日本海军的骚扰与进攻，沙皇俄国当然也不会坐视不理。于是派出驱逐舰和武装木船沿港口巡逻，但驱逐舰数量很少，往往顾此失彼。武装木船则不堪一击，港口巡逻任务无法完成。沙皇俄国不得不进一步采取措施，建造了一批专门用来巡逻的舰艇。由此，专门用于巡逻的小型护卫舰就此诞生了。

这批小型护卫舰的排水量为500吨左右，装备的武器为舰炮。其动力装置的性能较差，航速只有15节左右。由于舰体小，适航性差，它们在海战场上起的作用不大，只

护卫舰

用于近海区域充任“侦察员”的角色。

护卫舰的后期发展

随着两次世界大战的爆发，护卫舰又有了进一步的发展。在第一次世界大战中，以英、法为代表的协约国一方有着广大殖民地，需要从海上源源不断地运送作战物资，租用大批商船建立了海上交通线。为了切断英、法等国的海上交通线，遏制其战场上的物资需求，德国人利用研制的大批潜艇对英、法等国的商船队进行了神出鬼没的袭击。虽然那时的潜艇性能并不先进，但对付运输船队却是绰绰有余。在短短4个月中，德国潜艇就击沉英、法等国的运输船只总吨位210万多吨，给协约国造成惨重损失。

这表明，那些吨位小、续航力低的小型护卫舰只适合在港口附近活动，而无法适应远洋船队护航的要求。于是，他们开始建造1000吨以上，能够进行远洋护航的护卫舰。由此，护卫舰的作战使命则由港湾基地附近“看门护院”，扩展到穿洋越海的船队“保镖”，并在商船队的护卫上起到了不小的作用。

在第二次世界大战中，德国沿用一战时的老方法继续用大量潜艇，并以飞机和水面舰艇相配合，截击英、法、美、俄的运输船队，破坏英、法等国的海上交通线，进行了广泛的破交战。在1年时间内，击沉了运输船只及护航舰艇1000余艘，达700多万吨。严峻的破交挑战迫使盟国采取反破交措施。1941年，美国将巨型商船改建成护航航空母舰，各盟国也纷纷建造1000~1500吨级护卫舰。仅3年时间就建造了1800多艘。

1943年，在大西洋上展开了激烈的破交与反破交海战。4月，盟国派出了由40多艘商船组成的运输船队从英国开往美国；德国立即派出50多艘潜艇，予以“狼群战术”加以袭击。但此次盟国派出了以护卫舰为主的强大护卫舰队，在10天里与德潜艇作战30多次，击沉击伤潜艇6艘，而护卫舰无一沉没。6月，盟国GS7运输船队出航时，德国又派出30多艘潜艇进行拦截。盟国有5艘护卫舰参加护航，与航空母舰协同作战，击沉德国潜艇15艘。

护卫舰在反破交战中大显身手，取得了令世人瞩目的战绩。这证明了它在海战中是大有作为的舰种之一，使其在“二战”之后仍得到了快速发展，并呈现出一些明显的特征。

首先，在舰体规模发展上与驱逐舰明显不同。驱逐舰的舰体是沿着越造越大的方向发展；而护卫舰的吨位则是“大小各有千秋”。目前，世界上共有3000吨以上的大型护卫舰约300艘，分布在16个国家中。能自行建造大型护卫舰的国家有美国、俄罗斯、英国、日本、荷兰等。其中美国最重视建造大型护卫舰，拥有100艘以上。大型护卫舰的舰体规模、武备及作战使命范围和驱逐舰已十分相近。拥有吨位为1000~3000吨护卫舰的国家大约有36个；但是这个量级的护卫舰的数量并不比3000吨以上的大型护卫舰多。轻型护卫舰主要集中在苏联、法国、中国和一些中、小国家。轻型护卫舰的建造规模虽小，但多追求“小而全”。不但武器和观通设备力求先进，也注意储备能力。多具有攻击水面目标、反潜和打击空中目标的能力，在护航、巡逻、警戒及配合对陆作战中，都可发挥很大威力。

其次，“二战”后建造的护卫舰更加注重机动性与快速反应能力。为此，许多国家都做出了巨大努力。如苏联在护卫舰上采用全燃动力装置后，从启动到全速运转只要2分钟时间。以色列采用小型高效发电机和轻型材料，减轻了舰体重量，有利于提高机动性；并在1200吨排水量的小型护卫舰上用电脑控制动力装置，以减少舰员。而日本的轻型护卫舰采用先进的火力自动控制系统，从发现目标、跟踪瞄准到实施攻击，全部由电脑控制，迅速而准确。

现代护卫舰的航速很快

第三个特点是舰小而威力强大。轻型护卫舰造价较低廉，且应用范围广。在和平时代，执行常规性的巡逻警戒、护渔护航等任务，使用护卫舰最合适。因此，许多国家都致力于护卫舰的发展与性能提高，配备先进的武器、多种功能的电子设备及先进的作战系统。使其普遍具有对空、对海和对潜的打击能力，有的护卫舰还装备了远射程武器，加强了对岸攻击能力。如西班牙自行设计建造的“侦察”级护卫舰，排水量只有1000多吨，却装配2座4联装“鱼叉”反舰导弹发射装置、1座8联装“海麻雀”对空导弹发射装置、1座76毫米舰炮和2座40毫米舰炮、2座3联装鱼雷发射装置、1座双管375毫米反潜火箭深弹。

据推测，其反舰导弹在必要时也可攻击陆上目标。作为一艘小型舰艇，这样强的攻防能力是相当可观的。

新型护卫舰

护卫舰的未来发展

1. 隐形性能有所提高

对于隐形战机或许我们已经有所了解，但是提到隐形护卫舰可能我们就知之甚少了。和战机的隐形一样，军舰的所谓“隐形”也并非肉眼看不见，而是指现代化探测装置无法或极难探测得到。鉴于雷达是目前最主要的远程探测器，护卫舰隐形的首要任务就是采用技术手段，尽量使雷达反射波受到抑制或者发生偏转，从而不被雷达发现。要达到这样的隐形效果，有以下两个主要手段。

一是通过对护卫舰的总体外形设计，让敌方雷达接收的回波强度减弱。并尽量减小几何尺寸，边角处还采用圆弧过渡，从而使敌方雷达近乎“致盲”。

二是应用新型舰体构成材料和涂料。澳大利亚已研制出散射雷达波的轻质反射板，受到众多造船巨擘的青睐。当前的一些新型伪装涂料不仅实现了在目视距离内以假乱真，还能吸收雷达波或将由磁波转化为势能消散到大气中去，且亮度也可随着背景自动变化。

现代的护卫舰除了考虑上面两种隐形方法外，通常还考虑如下两种隐形手段——“温度隐形”和“声音隐形”。

由于红外制导反舰导弹大行其道，因此“温度隐形”也必不可少，这就需要想办法减弱船身上的红外辐射源。除了采取直接的隔热措施，如给烟囱、暖通、动力舱等发热部位覆盖上屏蔽和绝缘材料外，还可直接从改装上下手，如改变辐射频带，使用红外干扰器，安装红外辐射信号抑制设备，以及使用冷却装置等。

在今天的立体式海战中，护卫舰行动时发出声音，等于向敌方潜艇宣示自己的到来，因此“声音隐形”也很重要。通常是在螺旋桨和船体四周喷射压缩空气，形成气幕屏蔽以避免噪声，这不仅可削弱敌方被动声呐的探测能力，对比隐形战机F–22的外形特点和机身蒙皮材料特点，我们不难发现飞机和战舰的隐形原理基本上是一样的。此外，降低电磁辐射，也是不少战舰隐形技术的着重点。

2. 广泛使用电磁炮

所谓电磁炮是指利用电磁发射技术制成的一种先进的动能杀伤武器。与传统的大炮将火药燃气压力作用于弹丸不同，电磁炮是利用电磁系统中电磁场的作用力，其作用的时间要长得多，可大大提高弹丸的速度和射程，因而引起了世界各国军事家们的关注。自 20 世纪 80 年代初期以来，电磁炮在未来武器的发展计划中，已成为越来越重要的部分。

早在 19 世纪，科学家就已发现在磁场中的电荷和电流会受到洛仑兹力的作用。20 世纪初，便有人提出利用洛仑兹力发射炮弹的设想。在两次世界大战中，法国、德国和日本都曾研究过电磁炮。第二次世界大战以后，其他国家也进行过这方面的研究。自 20 世纪 70 年代初以来，与电磁发射有关的技术取得了重大进展。

电磁炮发射装置主要由能源、加速器、开关三部分组成。能源通常采用可蓄存 10~100 兆焦耳电磁能量的装置。目前实验用的能源有蓄电池组、磁通压缩装置、单极发电机，其中单极发电机是近期内最有前途的能源。加速器是把电磁能量转换成炮弹动能并使炮弹达到高速的装置，主要有使用低压直流单极发电机供电的轨道炮加速器和离散或连续线圈结构的同轴同步加速器两大类。开关是接通能源和加速器的装置，能在几毫秒之内把兆安级电流引进加速器中，其中的一种是由两根铜轨和一个可在其中滑动的滑块组成。

电磁炮主要有以下几个优点。

(1) 电磁推动力大，弹丸速度高。电磁发射的脉冲动力约为火炮发射力的 10 倍，所以用它发射的弹丸速度很高。一般火炮的射击速度约为 0．8 千米 / 秒，步枪子弹的射击速度为 1 千米 / 秒。而电磁炮可将 3 克重的弹丸加速到 11 千米 / 秒，将 300 克的弹丸加速到 4 千米 / 秒。

(2) 弹丸发射稳定性好。电磁炮弹丸在炮管中受到的推力是电磁力，这种力量是非常均匀的，而电磁推力容易控制，所以弹丸发射稳定性好，这有利于提高命中精度。

(3) 隐蔽性好。电磁炮在发射时不产生火焰和烟雾，也不产生冲击波，所以作战中比较隐蔽，不易被敌人发现。而且，它采用电磁能源，而不是常规火药，这有利于发射阵地的安全。

(4) 弹丸发射能量可调。电磁炮可根据目标性质和射程大小可快速调节电磁力的大小，从而控制弹丸的发射能量。

(5) 比较经济。与常规武器比较，火炮发射药产生每焦耳能量需要 10 美元，而电磁炮只需要 0.1 美元。

由以上优点我们不难看出，对于护卫舰这个庞大而笨重的武器来说，安装电磁炮无疑是最好的选择，并且电磁炮的使用也能让护卫舰真正实现超远程的精确打击，让战争形式发生实质性的改变。

但要想将这一理论上的可能变为实际，人们也面临着许多亟待解决的问题，其中最显著的就是大气的阻力问题和加速需要的炮管长度问题。也许正是因为这些困难，我们的地球才能够保持相对的和平，试想如果这样的武器真正被制造出来并大量投入战争，我们的世界会变成什么样？

著名护卫舰一览

守护使者：20380 型轻型护卫舰（俄罗斯）

俄罗斯 20380 型轻型护卫舰首舰“守护”号由“金刚石”中央海军设计局专家设计，70 多家科研、设计和工业企业参加了其建造工作，于 2001 年 12 月 21 日开工建造，原计划 2005 年交付，但是由于财政拨款不足，以及任何类型舰艇首舰建造时都会遇到的技术方案实施困难等原因而延误，到 2006 年 5 月 16 日在北方造船厂下水，2007 年年初开始在俄海军服役。

型轻型护卫舰

“守护”号不仅承袭了苏联同名战舰（导弹驱逐舰）的威名，而且开启了俄海军水面战舰制造的新时代。

20380 型轻型护卫舰具有钢制平滑甲板外壳和用难燃的多层玻璃钢和碳纤维复合材料制成的舷到舷的上层建筑。20380 型轻护航舰的适航比同等排水量的战舰好，十分有利于搭载直升机。20380 型轻护航舰的战舰艉部部署了卡 –27PL 直升机机库和起降平台，舰上装载的直升机燃油可达 20 吨。

20380 型轻型护卫舰的防护和作战稳定性都相当不错。它运用了最新的红外和雷达隐身技术，还包括特种涂层、内置于舰体的导弹武器和天线部位，除此之外，它还使用了有高度吸波性能的材料，对部分舰体、武器和技术设备进行了局部防护。

20380 型轻型护卫舰成功建成了统一信息场，它的一体化桥楼系统和主指挥所联为一体，组成统一战斗指挥系统。这种统一战斗指挥系统有利于保障舰长、舰员实时接收海上、水下和空中局势信息，了解战舰本身、舰载武器和技术设备状况，保障战舰驾驶和武器使用实现全程自动化。

20380 型轻型护卫舰装配有各种各样的现代化武器系统、雷达和声呐系统，可摧毁水面、水下、岸上和空中目标。同时，它还装备现代化防空和反潜防御系统，用来保障自身的战场生存能力。

舰史精英："克里瓦克"级护卫舰（苏联）

"克里瓦克"级导弹护卫舰是苏联重要的战舰。在"克里瓦克"级导弹护卫舰出现之前，苏联护卫舰的排水量仅在 1000 ~ 2000 吨间，并且装备少，航行及作战能力差。"克里瓦克"级护卫舰的排水量在 3000 吨以上，并且装备了大量的电子、武器设备。"克里瓦克"级导弹护卫舰共有 3 种型号，可算是苏联第一级现代化护卫舰。

"克里瓦克Ⅰ"级舰于 1969 ~ 1981 年间在加里宁格勒、列宁格勒和刻赤建造。"克里瓦克Ⅱ"级舰于 1976 ~ 1981 年间在加里宁格勒建造。"克里瓦克Ⅲ"级舰于 1984 ~ 1990 年间在刻赤建造。型号名称开始为大型反潜舰，1977 ~ 1978 年改为护卫舰。"克里瓦克"级护卫舰采用全燃动力结构，功率大，航速高。

"克里瓦克"级护卫舰的舰首尖瘦，有明显的外飘形态，此船型与苏联当时的一些驱逐舰舰型相似。该级护卫舰水线以下舰首设有声呐导流罩。艏楼甲板与主甲板之间的高度较大，使这段舰体内空间较大，干舷也较高。上层建筑低矮，各层甲板上布置有众多电子、武器装备和各种设备。

"克里瓦克"级护卫舰的主要特征是：上层建筑顶部天线数量多，且多为圆形和椭圆形；前甲板有四联装反潜导弹发射筒和两座火箭深水炸弹发射器；后甲板为梯次配置的 76 毫米舰炮两座；舰体中部各有一座四联鱼雷发射器。

“克里瓦克”级护卫舰主要性能特点是反潜作战能力强，配备有导弹、深弹、鱼雷等反潜武器，形成了远、中、近的综合反潜火力。还有一个特点便是吨位大，其吨位相当于西方国家的驱逐舰，远海作战能力较强。

美军骄傲：“佩里”级导弹护卫舰（美国）

“佩里”级护卫舰是美国海军通用型导弹护卫舰，可以完成防空、反潜、护航和打击水面目标等任务。它是世界最先进的导弹护卫舰之一，因其价格适中而得以大批量建造。并于 1977 年开始服役。

“佩里”级护卫舰的上层建筑四周只设少数的水密门，形成一个封闭的整体，这样有利于使舰员和设备拥有更多的空间，从而改善舰员的居住条件和增强护卫舰的适航性。“佩里”级护卫舰的生活设施良好，每名舰员可以平均享受 19.6 平方米的生活空间。

“佩里”级护卫舰采用全燃动力装置，这种动力装置具有重量轻、体积小、噪音低、操纵性好等特点，而且低速性和可靠性都相当不错。为了使得舰上维修方便，尽量减少舰上维修工作量，“佩里”级护卫舰采取舰外供应、整机更换、舰外修理等方式，力求使舰上设备组件化。同时，“佩里”级护卫舰在舰艇布置的设计上，尽量使用易于拆装和可以进行内部移动的设备，并为拆装和移动这些设备设计了最佳通路，以及在搬运路线上设置架空轻便轨道、滑车等。

“佩里”级护卫舰的火力强大，作战能力较强。舰上设有 1 座 MK-13/4 型标准 / 鱼叉导弹两用发射架、1 门奥托·梅莱拉 76 毫米火炮、1 座 MK-15 密集阵近程武器系统、2 座三联装 MX-32 鱼雷发射管，以及 2 架 SH-F 反潜直升机。“佩里”级护卫舰上的探测系统性能出众，尤其是声呐，除有 1 部 SQS-56 舰壳声呐外，还有 1 部 SQR-19 拖曳线列阵声呐。此外，“佩里”级护卫舰还设置了指挥控制系统和电子战系统。

“佩里”级导弹护卫舰

你知道吗

“佩里”的不幸遭遇

1984 年 5 月 14 日，美国海军的“佩里”级“斯塔克”号导弹护卫舰在波斯湾执行油轮护航任务中，被伊拉克空军“幻影”F1 型战机发射的两枚“飞鱼”空舰导弹击中，舰体受到严重损坏，并造成 37 人死亡。令人不解的是伊导弹的攻击是在美军的监视下发生的。

火力强大：22350 新型护卫舰（俄罗斯）

22350 新型护卫舰是俄罗斯北方造船厂于 2006 年开始建造的，是苏联解体 15 年后俄罗斯海军第一艘远海远洋战舰，注入了各种高技术，特别是应用了最先进的信息技术和制导技术，具有对水面、水下和空中打击的能力，配备有各型导弹和其他作战系统，火力强大，功能齐全，必将在未来战争中大显身手。22350 型新型护卫舰由圣彼得堡北方设计局设计。2011 年定型，投入生产，估计将于 2015 年前后服役。

俄罗斯的首艘 22350 型护卫舰被称为“戈尔什科夫海军元帅”号，尽管该型军舰被称为护卫舰，但其排水量却超过了大多数驱逐舰。

22350 型护卫舰的隐身性能相当好。从外形上看，22350 型护卫舰采用了干舷外飘、上层建筑立板内倾的多面体设计，以便让从不同方向照射来的雷达电波向多个方面反射，从而减少回波强度。此外，22350 型护卫舰在平面与平面交接处采用平滑过渡，用来减少全舰垂直反射面，同时最大限度地减少舰船上暴露的舾装件，使得整个舰艇表面光滑，减少雷达地散射，从而进一步减少了舰艇的雷达反射面积。

22350 型护卫舰的火力十分强大，几乎可以与一艘巡洋舰相媲美。22350 型护卫舰上装配有各种各样的新型无线电电子设备和现代化指挥控制系统；并且配备有当今最新的现代化武器装备和指挥控制系统，包括 8 枚“红宝石”反舰巡航导弹、A–192 新型 130 毫米舰炮、“蝼蛄”–2 反潜导弹系统、“飓风”中程防空导弹系统以及 1 架卡 –32 反潜直升机。

22350 型护卫舰的近程防空武器是“卡什坦”弹炮结合系统，该系统包括 2 门 30 毫米 6 管高射速机关炮，8 枚 SA–N–11 近程防空导弹。其导弹采用雷达光电复合制导，射程 8 ~ 15 千米。模块下方有自动装填弹库，备弹 32 枚。

22350 型导弹护卫舰首舰开工建造具有较强的象征意义，充分表明俄海军已逐步摆脱困境，加速现代化舰艇换装进程，试图恢复昔日世界第二远洋海军的超强实力，从而全面维护国家海洋利益。

近海护卫："勃兰登堡"级护卫舰（德国）

"勃兰登堡"级护卫舰又被称为"123 型"护卫舰，是德国海军 1989 年开始进入现役的一种新型护卫舰。"勃兰登堡"级护卫舰是一种多功能护卫舰，它以反潜为主，同时也可承担防空、舰船集团战术指挥和水面作战等多种任务。

"勃兰登堡"级护卫舰的实用性很好，其建造结构为全钢制，这样有利于提供更大的空间以容纳更多的舰载人员。另外，"勃兰登堡"级护卫舰还加载了先进的鳍壮水平尾翼舰艇。除此之外，"勃兰登堡"级护卫舰还可以搭载两架"大山猫"舰载直升机及一个大型密封舱，为登陆作战服务。

"勃兰登堡"级护卫舰的武器装备比较全面，在反潜作战能力上比较突出，不但有鱼雷武器，而且还装备了 2 架反潜直升机。具体火力配置有 1 座"奥托·梅腊拉"76 毫米舰炮。2 座双联装"飞鱼"MM38 型反舰导弹发射装。16 单元 Mk41 Mod3 型舰空导弹垂直发射装置，16 枚"海麻雀"舰空导弹；2 座 21 单元 Mk49 型"拉姆"点防御导弹发射装置，21 枚 RIM-116A 型"海拉姆"近程防空导弹。2 座双联装 Mk32 Mod9 型鱼雷发射管，发射 Mk46 Mod2 型鱼雷。2 架"超山猫"Mk88 型反潜直升机。

"勃兰登堡"级护卫舰的电子设备有 LW08 型对空搜索雷达；SMART-S 型对空／对海搜索雷达；2 部 STIR-180 型火控雷达；DSQS 23BZ 型舰壳声呐；FL-1800S／2 电战系统、美制 MK-36 诱饵发射器、贝瑞塔公司生产的 SCLAR 诱饵发射器等电子干扰装置；IFF1990 敌我识别系统；SATIR 战斗系统（以美制 AN／UYK-43B 主计算机为核心）；HF、VHF、UHF、2 个"赋税"SHF 卫星通信系统、11 号北约标准数据链和 ELACUT200 水下通话系统等通信系统。

"勃兰登堡"级护卫舰